Mocktails

60 boissons indispensables sans alcool

Direction éditoriale : Hélène Tellier
Suivi éditorial : Marine Cornaire
PAO : Laurianne Verot, Francis Rossignol
Photogravure : Bertrand Desboudard

www.editions-artemis.com

ISBN : 978-2-8160-2221-6
N° d'éditeur : 8160
Dépôt légal : mars 2024

Achevé d'imprimer : avril 2024
Imprimé en Europe par Impression World

MIXTE
Papier | Pour une gestion forestière responsable
FSC® C109273

Alice Delvaille

Mocktails

60 boissons indispensables sans alcool

ARTÉMIS
ÉDITIONS

Sommaire

Introduction

Sa magnifique palette de couleurs ne fait qu'ajouter à sa séduction innée. La diversité et la richesse de ses saveurs ne le rendent qu'encore plus plaisant à déguster.

Joyeux et festif, il se présente sans se prendre la tête et se laisse savourer sans prendre celle des amateurs.

Boisson « zéro alcool », il peut s'apprécier sans modération. Ne cherchez plus : voici le désormais incontournable mocktail !

Ce n'est plus un secret pour personne : les bars à cocktails connaissent un succès toujours renouvelé dans nos villes et lors de nos soirées, portés par des consommateurs en recherche de boissons tout à la fois attrayantes, savoureuses, festives et élégantes. Cependant, depuis un certain temps, on assiste à un nouveau phénomène. À une véritable tendance de fond peut-être un peu plus inattendue. À l'émergence d'une nouvelle demande exprimée par une partie sans cesse plus importante de consommateurs : les cocktails sans alcool.

Bien ancré dans l'esprit du grand public, le cocktail sans alcool – désormais connu sous le nom de mocktail – est, à l'origine, étroitement associé à un mélange de boissons et d'ingrédients divers s'adressant de manière prioritaire – voire quasi exclusive – aux personnes ne consommant pas d'alcool. Soit par goût et par préférence personnelle. Soit pour des raisons de santé ou des motivations religieuses.

Heureusement, les choses ont cependant bien évolué aujourd'hui. Sortant d'une sorte de « ghetto » un peu anecdotique et désormais apprécié par tous les publics, le cocktail « zéro alcool » est devenu pour les bartenders une véritable boisson à part entière qui gagne chaque jour de nouvelles lettres de noblesse. Désormais, la saveur du cocktail ne dépend plus principalement de l'alcool utilisé, mais plutôt de l'imagination et du talent de son assembleur. Pas de doute : avec le mocktail par définition sans alcool, le cocktail alcoolisé classique a fait une formidable avancée qualitative et gustative !

Vous êtes à la recherche d'une boisson qui se veut aussi originale que trendy ? Aussi festive que rafraîchissante ? Aussi facile à préparer qu'agréable à déguster ? Le mocktail est fait pour vous !

Devenu en quelques années la véritable vedette des bars branchés et des soirées en famille ou entre amis, le mocktail est loin d'être une simple imitation non alcoolisée des cocktails plus classiques. Riche d'une palette chromatique et gustative d'une extraordinaire diversité, souvent faible en calories et parfois 100 % végan, le mocktail sait magnifiquement jouer de la subtilité de ses nuances colorées et gustatives pour devenir une originale boisson à part entière qui, disons-le franchement, confine parfois au sublime.

Se déclinant presque à l'infini, le mocktail n'a pour seule limite que la créativité du barman. Qu'il soit professionnel ou simple amateur. Boisson 100 % plaisir, le cocktail « zéro alcool » se veut tour à tour tonique ou acidulé, réconfortant ou pétillant… mais toujours plaisant et rafraîchissant. Eau plate ou pétillante, jus ou sirop de fruits, soda, épices, herbes aromatiques… se laissent mixer et shaker au fil de recettes à partager et à déguster sans modération.

Bien dans l'air du temps et l'esprit de l'époque qui se tourne vers des préparations plus saines et hyper-goûteuses, le mocktail s'est inséré dans nos apéritifs et nos soirées. Il est certain qu'il s'y est implanté durablement, et c'est une excellente nouvelle !

Le moment est donc venu pour vous de découvrir à votre tour de nouvelles saveurs souvent inédites. De jouer à fond la double carte de la créativité et de l'originalité. De miser sur la convivialité de boissons que chacune et chacun peut déguster sans crainte ou culpabilité. En un mot : il est temps de vous faire plaisir et de partager ce plaisir avec vos proches.

Le moment est donc venu pour vous de passer derrière le bar. À vos mocktails !

Une imitation et bien plus encore...

Si l'on se réfère à l'étymologie du mot, on s'aperçoit que « mocktail » est directement dérivé du verbe anglais « *to mock* » que l'on peut traduire par « imiter », combiné avec le mot « cocktail ». Est-ce que cela voudrait dire que les mocktails ne sont que de fades imitations des cocktails alcoolisés ? Rien n'est plus faux ! Les mocktails représentent bel et bien un univers spécifique d'une extraordinaire diversité et d'une égale richesse. Découverte...

Intolérance et prohibition

Traversons ensemble l'Atlantique, le temps de faire un petit saut dans le temps. Et même de remonter le temps...

Nous sommes en 1851. Le Maine est le tout premier État américain à limiter fortement la vente de boissons alcoolisées. Il est imité quatre ans plus tard par une poignée d'autres États qui adoptent des mesures établissant la désormais tristement célèbre prohibition. Celle-ci est désormais en vigueur dans treize États que l'on surnomme très explicitement « *Dry States* » pour « États secs ».

Il faut cependant attendre la fin de la Première Guerre mondiale, et plus précisément les derniers jours du mois de janvier 1919, pour que soit ratifié le 18e amendement de la constitution états-unienne, entériné quelques mois plus tard par le *Volstead Act*, sur fond d'intolérance généralisée. Les plus draconiennes mesures liées à la prohibition entrent officiellement en vigueur l'année suivante.

Les principales mesures accompagnant la prohibition sont surtout soutenues par quelques pasteurs – que, avec le recul, on peut indéniablement qualifier de fanatiques et d'intégristes – qui se donnent pour but « d'élever le niveau de moralité des citoyens ». Par tous les moyens. Y compris les plus extrêmes. Ils sont suivis en cela par quelques organisations féminines très proches de la sphère religieuse et par des politiciens qui ne veulent pas laisser échapper un influent réservoir d'électeurs potentiels. Parallèlement, de nombreux mouvements, issus des milieux religieux pour la plupart, s'empressent de lister toute une série de lieux clairement identifiés, tels que les bars et les saloons où les hommes « ... s'adonnent à leur vice... ».

Il faut attendre le 17 février 1933 pour que – après plus d'une décennie d'interdits, d'un certain fanatisme, de violences et d'une bonne dose d'hypocrisie – le *Volstead Act* soit enfin amendé par l'adoption du *Blaine Act* autorisant la production et la consommation de boissons peu alcoolisées (mais alcoolisées tout de même !) telles que des bières légères ne contenant pas plus de 4 % d'alcool en volume. Enfin, le 18e amendement de la constitution des États-Unis qui

avait officiellement donné le jour à la prohibition est totalement abrogé au cours de la même année, via la ratification du 21e amendement à la constitution.

Le mocktail remplace le cocktail

C'est dans ce contexte aussi trouble que violent que, selon certaines sources, le mocktail fait son apparition. Comme les boissons contenant de l'alcool sont officiellement interdites aux États-Unis durant toute la prohibition, nombreux sont les bars qui se reconvertissent dans la vente de sodas ou de bières sans alcool. Pas toujours avec le succès que leurs tenanciers espéraient, d'ailleurs... D'autres patrons de bar préfèrent modifier leur carte et remplacer les traditionnels cocktails alcoolisés qui connaissaient jusque-là un grand succès par d'autres boissons fort proches, très festives d'aspect, mais garanties «zéro alcool» : les mocktails sont nés !

Le mocktail arrive en Europe via l'Angleterre

Il faut cependant encore attendre un certain temps avant que les cocktails sans alcool franchissent l'Atlantique et n'abordent le continent européen, via la Grande-Bretagne.

Force est de reconnaître que, dans un premier temps, le succès du « zéro alcool » reste pour le moins mitigé. Sur le Vieux Continent, l'alcool coule à flot et reste incontournable. Il semble de tradition que chaque festivité soit généreusement arrosée. Et alcoolisée. Dans l'esprit d'un certain public, l'alcool semble d'ailleurs indissociable de la convivialité et de la fête. Les personnes ne désirant pas suivre le mouvement et refusant – pour une raison ou une autre – de boire la moindre goutte d'alcool passent au mieux pour des espèces d'extraterrestres venus d'une planète où personne n'est capable de s'amuser. Au pire, ils sont traités de rabat-joie. Comme si la quantité d'alcool était à elle seule capable d'assurer la réussite d'une quelconque festivité, d'un repas convivial ou d'une réunion familiale. Mais la tendance va bientôt s'inverser...

Sortir des sentiers battus

Il n'y a encore que quelques années, les cocktails sans alcool étaient prioritairement destinés à des clientèles très ciblées (quoique très variées), comme le confirment nombre de barmen. Ils étaient, par exemple, autant appréciés par les femmes enceintes que plébiscités par les alcooliques repentis. Aujourd'hui, par contre, consommer sans alcool n'est plus la (sobre) réponse à un problème, mais plutôt une véritable volonté, un puissant désir, une forte exigence aussi, exprimé par un nombre toujours croissant de consommateurs.

Du coup, le mocktail s'est vu contraint de sortir des sentiers battus. S'il avait hier la réputation de n'être qu'une (mauvaise) imitation, une sorte d'ersatz de « vrai » cocktail généreusement alcoolisé, il n'en est plus de même aujourd'hui. Certes, il existe bel et bien des variantes sans alcool de divers cocktails classiques, mais la carte proposée par les barmans est devenue beaucoup plus riche et diversifiée que ça. Et elle continue chaque jour de s'étendre. Car, désormais, le consommateur veut du choix. Un large choix au gré des occasions, de ses goûts personnels et de ses envies du moment...

Une démarche audacieuse et avant-gardiste

Pour répondre à cette demande, les barmans – surtout professionnels, mais aussi amateurs – redoublent de créativité et d'inventivité tout en respectant les principaux codes du cocktail. Car il ne faut pas s'y tromper : les étapes à suivre et la manière de confectionner un mocktail sont exactement les mêmes que pour les boissons avec alcool, ou presque.

Il existe cependant une énorme différence dont tous les bons barmans tiennent compte : avec le mocktail, il

n'est plus possible de bâtir une recette simplement autour d'un alcool. Il faut impérativement partir d'un ou de plusieurs ingrédients qui seraient normalement secondaires dans les boissons alcoolisées. Là où avec un cocktail, un, deux, trois (ou plus encore) spiritueux sont au cœur des recettes, accompagnés de produits dits « secondaires » (comme des jus de fruits, des sirops, des jus de légumes...), ce sont justement ces derniers qui, avec les mocktails, deviennent les composants principaux. C'est d'ailleurs ce qui fait des mocktails des boissons si spécifiques. Dignes des plus grands succès de la mixologie qui, avec ses codes, sa discipline et son extraordinaire créativité, est ainsi très légitimement élevée au rang d'art.

Du coup, la créativité des barmans – qui est en principe au cœur de leur métier – est mise à contribution. La démarche se doit d'être audacieuse. Un peu aventureuse aussi, car il s'agit parfois de reproduire la saveur d'un alcool... mais sans alcool. Exercice périlleux s'il en est. Il ne faut donc pas s'étonner de constater que certains mocktails soient teintés d'une certaine dose de folie. Et qu'ils se veulent même dans certains cas avant-gardistes. La réputation des barmans est en jeu. Le plaisir des consommateurs également.

Le mocktail s'inscrit dans la tendance healthy

Aussi connu sous le nom de « spirit free » et bien loin du virgin mojito en vogue il y a quelques années et qui semble aujourd'hui un tantinet désuet, le mocktail se positionne tout à la fois

comme un formidable terrain de jeu créatif pour les barmans et comme une nouvelle source de plaisirs gustatifs pour les consommateurs. En cela, il s'insère bien dans son époque. Il est résolument moderne. Branché et tendance, aussi. Il est parfaitement dans l'air du temps.

Et cela d'autant plus que, s'il répond aux exigences des législations anti-alcool et aux aspirations gustatives des consommateurs, il s'inscrit aussi idéalement dans cette vaste mouvance healthy qui prend chaque jour plus d'importance.

Cela fait déjà de nombreuses années que la vague du healthy a déferlé sur le monde. Désormais, un nombre toujours plus grand de consommateurs veut prendre soin de sa santé, ce qui passe par des choix plus responsables et des gammes de produits plus vertueux. Il est même probable que, dans toute l'histoire de l'humanité, nous n'avons jamais eu autant besoin d'effectuer des choix de consommation judicieux pour tenter de préserver notre plus précieuse richesse : notre capital-santé. Jamais peut-être, le souci de la préservation du bien-être et de la santé n'a été aussi puissant et justifié qu'aujourd'hui. En ce sens, le « spirit free » devient un ami privilégié pour l'ensemble des consommateurs.

Complémentairement, quelques autres tendances viennent encore renforcer l'indéniable succès du mocktail. Ainsi, nombreux sont les barmans qui soulignent le fait que « avec l'engouement du gluten-free et de la consommation végane, les consommateurs ont souhaité s'éloigner un peu d'une consommation d'alcool excessive qui allait à l'encontre de leurs nouveaux principes... ».

La tendance va cependant encore plus loin ! S'il se veut « zéro alcool », le mocktail se veut aussi proche de la mouvance « zéro déchet », cette véritable philosophie de vie faisant partie du processus de création d'un « spirit free ». De plus en plus nombreux sont les barmans à travers le monde qui rivalisent d'ingéniosité, de créativité et d'inventivité pour utiliser la quasi-totalité des produits qui entrent dans la composition de leurs créations. Mais toujours avec la saveur comme idée première et le plaisir du consommateur comme priorité. Un sirop d'écorces d'agrumes, par exemple, n'est plus du tout une idée farfelue.

Repenser sa manière de consommer

Alors que la consommation parfois excessive d'alcool paraît désormais de plus en plus ringarde, le « zéro alcool » se positionne aujourd'hui comme une incontournable réalité partout dans le monde. Porté par une véritable tendance autour du bien-être personnel et d'un style de vie beaucoup plus « healthy » qui passe, entre autres, par une nette réduction de la consommation d'alcool.

D'une manière générale, les publics repensent leurs manières de consommer. Pour privilégier un authentique retour à l'essentiel. Pour limiter les excès inutiles, voire nuisibles. Pour prendre du temps pour se faire plaisir tout en prenant soin de soi.

Avec toutes ses spécificités, avec son extraordinaire palette de couleurs et de saveurs, le mocktail répond parfaitement aux envies et aux exigences des consommateurs de ce début du 21e siècle qui sont en demande de « bon qui fait du bien » !

Le matériel indispensable

Si la créativité et le talent du barman sont deux ingrédients essentiels à la confection d'un savoureux mocktail, le matériel utilisé a, lui aussi, son importance. Qu'il soit professionnel ou amateur, un barman ne travaille qu'avec un matériel adéquat et de qualité qui est également garant de succès.

Peu de matériel, mais de qualité

Bonne nouvelle : le matériel utile pour les mocktails est fort proche de celui qui est nécessaire pour la réalisation des cocktails.

• **Les shakers :** trois shakers différents sont surtout utilisés. À commencer par le shaker Boston, premier à avoir été utilisé aux États-Unis dès le 19e siècle. Il se compose d'un grand verre et d'une timbale en métal dont le diamètre supérieur est légèrement supérieur à celui du verre. En agitant les composants d'un mocktail et les glaçons, le métal se contracte sous l'effet du froid et rend la jointure entre le verre et la timbale parfaitement hermétique. Pour sa part, le shaker continental est apparu dans le courant du siècle dernier en Europe. Il s'inspire largement du précédent à une différence près : les deux parties qui le composent sont métalliques. Ce qui le rend plus élégant que le shaker américain. Enfin, le shaker à filtre est, comme son nom l'indique explicitement, équipé d'un filtre qui rend inutile l'usage d'une passoire à glaçons. Même si les barmans amateurs l'apprécient, il présente toutefois un sérieux inconvénient : la forte dilution de la boisson... et donc de ses saveurs.

• **La cuillère et le verre à mélange :** la cuillère à mélange est absolument indispensable dès lors que le barman veut préparer un mocktail directement au verre. Sa contenance proche de celle d'une « simple » cuillère lui permet aussi de doser certains ingrédients. L'idéal est de disposer d'une cuillère à tige torsadée qui assure une meilleure prise en main qu'une tige lisse. Important aussi : l'extrémité de la tige doit être munie d'un pilon qui permet, d'écraser certains ingrédients assez peu consistants comme des feuilles de menthe fraîche. De son côté, le verre à mélange est utilisé pour la confection de boissons sans glace. Muni d'un bec verseur, sa contenance varie entre 50 et 65 cl. La première est parfaite pour un verre, tandis que la seconde convient pour deux verres.

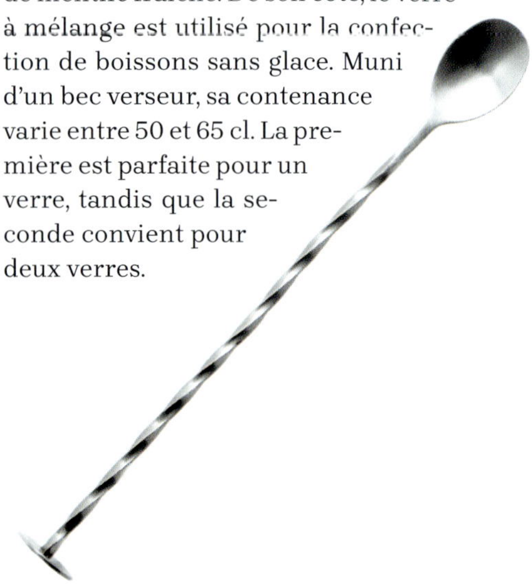

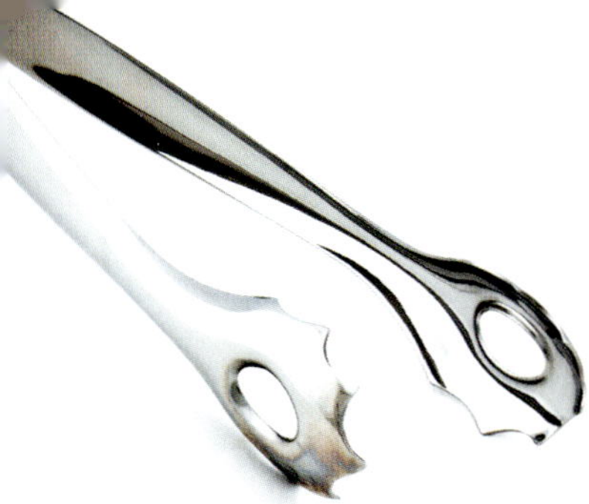

• **La passoire et la pince à glaçons :** la passoire à glaçons n'est rien d'autre qu'une plaque métallique percée, autour de laquelle est fixée une spirale ressemblent à un ressort. Elle retient les glaçons utilisés pour rafraîchir une boisson préparée au verre à mélange, au shaker Boston ou au shaker continental quand elle est servie sans glace. Quant à la pince à glaçons, elle s'avère utile pour saisir proprement les glaçons pour les mettre dans le verre à mélange, un shaker, un verre de service...

• **La passoire à glace pilée et la pelle à glace :** la passoire à glace pilée est une plaque arrondie percée de petits trous. Elle s'adapte sur le bord du verre et filtre le mélange intégrant de la glace pilée lorsque le mocktail est proposé sans glace. La pelle à glace, quant à elle, s'utilise pour prélever l'exacte quantité de glace pilée (ou de glaçons) qu'il convient de verser dans le shaker, le verre à mélange ou le verre de service.

• **La passoire à pulpe :** cet instrument est assez fréquemment utilisé lors de la confection des mocktails. D'une part, cette passoire tamise les liquides épais et, d'autre part, elle filtre les liquides qui contiennent des éléments en suspension. Notamment de la pulpe de fruit. Elle se maintient au-dessus du verre de service pendant que le mocktail y est transvasé.

• **La planche à découper :** une première précision d'importance, tout d'abord. Il faut toujours bannir du bar (et des cuisines) les planches à découper en plastique qui sont régulièrement – et à juste titre – pointées du doigt pour leurs effets négatifs sur la santé. Il est en effet très largement démontré qu'elles renferment plus de bactéries que les planches en bois ou en marbre et que ces bactéries ne peuvent pas être éliminées par le lavage. En outre, elles sont clairement qualifiées de « polluants alimentaires » du fait qu'elles peuvent libérer des dizaines de millions de microparticules de polypropylène et de polyéthylène pendant la coupe. Ces particules étant infiniment petites, elles sont susceptibles de pénétrer les aliments coupés et consommés. Selon les données les

Passoire à glaçons

plus fiables, une personne utilisant une telle planche à découper en plastique est exposée chaque année à 14 à 71 millions de microplastiques en polyéthylène et à 79 millions de microplastiques en polypropylène. Autant de millions de microplastiques qui pénètrent dans l'organisme avec tous les risques élevés que cela représente en termes de santé. Exit le plastique, donc, et place au bois pour des raisons d'hygiène, mais aussi d'ordre purement esthétique. Ne jamais oublier de la rincer soigneusement après chaque usage.

• **Le couteau à zeste et le couteau à tranche :** muni d'une lame d'une dizaine de centimètres de long, le couteau à zeste permet un travail aussi précis que soigné au moment de prélever les zestes des agrumes. De son côté, le couteau à tranche est équipé d'une lame crantée d'une quinzaine de centimètres. Il permet des découpes propres et faciles des quartiers ou des tranches de fruits.

• **Le presse-agrume :** en version manuelle ou électrique, c'est un grand classique du bar à mocktail et de la cuisine. Ne jamais oublier de le rincer très soigneusement après chaque usage.

• **La râpe et le pilon :** la première permet de réduire en copeaux certains ingrédients tels que, par exemple, de la noix de muscade. Le second, idéalement en bois, permet d'écraser certains ingrédients (dont des morceaux de fruits) afin d'en tirer un maximum d'arômes, d'en extraire tout le jus, de les écraser en une fine purée...

• **Le mixeur :** il est incontournable, surtout dans le cadre de la préparation de mocktails « frozen », servis glacés. Un mixeur de qualité doit avoir une puissance suffisante. Si votre mixeur est assez faible et ne présente une puissance que d'environ 18 000 tours/minute, évitez soigneusement les glaçons qui sont trop durs pour lui et privilégiez la glace pilée. N'oubliez pas de rincer et de nettoyer soigneusement l'appareil après chaque usage.

• **Le bouchon verseur :** il est composé de deux parties distinctes. La première est généralement en plastique souple et s'adapte à tous les cols des bouteilles, la seconde est composée de deux tubes métalliques de différents diamètres. L'un d'entre eux descendant dans le col de la bouteille, amène de l'air et permet un flux régulier du liquide, tandis que l'autre laisse sortir le liquide.

• **La paille :** la paille en plastique fait partie de ces objets à usage unique qui sont désormais interdits afin, prétend le discours officiel, de « lutter contre le gaspillage et la pollution de l'environnement ». Elle est donc le plus souvent remplacée par une vulgaire paille en papier... qui est aussi néfaste pour l'environnement que la paille en plastique qu'elle remplace. Pire encore : elle représente un risque majeur pour

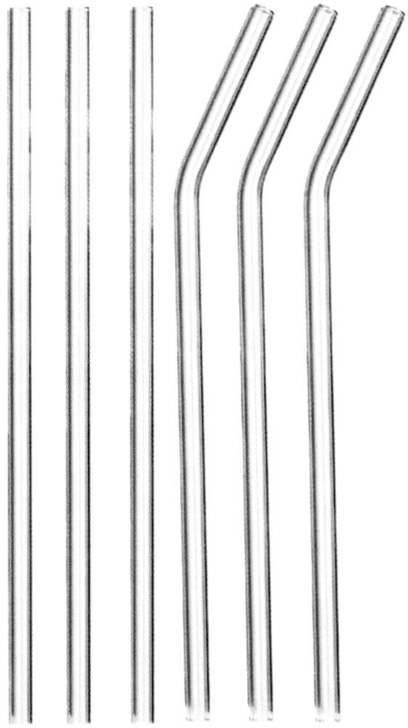

la santé des consommateurs. Même si la paille en papier (ou en bambou) qui se targue d'être en matériau naturel est présentée comme plus écoresponsable et durable, il n'en est rien ! En cause : la présence de PFAS qui sont des substances per- et polyfluoroalkylées, largement utilisées dans divers secteurs industriels, depuis les textiles jusqu'aux cosmétiques en passant par de la mousse anti-incendie ou des revêtement anti-adhésifs. Ces PFAS sont massivement utilisés pour les pailles en « matériau naturel » parce qu'ils rendent les pailles plus imperméables et plus résistantes aux fortes chaleurs. Problème : il s'agit de « produits chimiques éternels » qui, selon l'Anses, peuvent provoquer une augmentation du taux de cholestérol, des effets sur la fertilité et sur le développement du fœtus, voire des cancers. De plus, ils sont fortement suspectés d'interférer avec le système endocrinien (thyroïde) et avec le système immunitaire. La paille en papier ou en bambou est donc une fausse (et dangereuse) solution qui ne profite qu'à quelques industriels spécialisés. Et c'est sans même évoquer le fait qu'il est très désagréable – horrible, même – de siroter un délicieux mocktail avec une vilaine paille en papier. Le meilleur choix reste la paille en verre lavable et multi-usages : elle laisse voir toutes les magnifiques couleurs du mocktail, n'interfère pas gustativement et est sans danger sur la santé.

Un verre adéquat pour sublimer le mocktail

Un mocktail ne se sert pas dans n'importe quel verre pris un peu au hasard. Le choix d'un verre approprié, en parfaite adéquation avec la boisson proposée, ne relève ni de la maniaquerie du barman, ni de son éventuel snobisme. Et ce choix n'a rien d'anecdotique. Au contraire, il est absolument essentiel pour sublimer le mocktail proposé à la dégustation. Le verre adéquat permet en effet de dévoiler toute la palette chromatique de la boisson, mais aussi d'en dégager tous les parfums et donc d'amplifier l'expérience gustative du consommateur. En résumé, on peut dire qu'un juste choix de verre permet de sublimer n'importe quel mocktail. Avec, à la clé, un formidable effet « Wouah »...

Cependant, avant de présenter la petite panoplie de verres indispensable à tout bon barman, deux précisions importantes doivent être apportées.

• **Le matériau :** il ne viendrait à l'idée de personne de présenter un savoureux mocktail dans un verre publicitaire reçu en cadeau dans un quelconque fast-food. Outre l'aspect esthétique plus que douteux de ce genre de verres, leur matériau grossier ne sied pas à la finesse d'un mocktail de qualité. Pour vraiment apprécier la boisson, l'idéal est de ne choisir qu'un verre en cristal ou semi-cristal. D'autres matériaux peuvent aussi être envisagés à la condition d'être élégants, parfaitement transparents (pour pouvoir apprécier les couleurs de la boisson), sans dessin ou marquage quelconque.

• **Le lavage :** un verre à mocktail est comme un verre à cocktail. Il ne se lave jamais au lave-vaisselle ! C'est le plus sûr moyen de les ternir, de les attaquer avec des traces de calcaire qui s'avèrent indélébiles, voire de les rayer. Pour que vos verres à mocktail conservent leur aspect étincelant, ils doivent impérativement être lavés à la main, en utilisant une eau très chaude additionnée de vinaigre blanc (jamais de savon ou de produit vaisselle chimique !). Ensuite, essuyez-les avec un torchon propre, sec et en coton. Pour les ranger, disposez-les à l'envers afin d'éviter le dépôt de poussière au fond des verres.

Voici la petite panoplie de verres dont, en bon barman, vous avez besoin.

• **Le verre à vin** : parfois appelé « verre gin tonic », c'est un incontournable classique, d'une contenance de 25 cl.

• **Le verre tulipe** : aussi appelé « verre à dégustation », il a une contenance de 12 cl.

• **Le verre martini** : aussi connu sous le nom de « verre à cocktail », il a une contenance de 20 cl et est parfait pour un short drink « frozen », « straight up » ou « frappé ». Sa forme très reconnaissable, sa hauteur et sa largeur en font un verre à mocktail parfait pour les mélanges très parfumés ou les boissons colorées.

• **Le verre margarita** : cousin du précédent, ce verre se présente sous la forme d'une coupe à deux étages qui joue à fond la carte de l'élégance.

• **Le verre tumbler** : parfois connu sous le nom de « verre rock », « verre Collins » ou « old-fashioned », ce verre a une contenance de 30 cl. Il est parfait pour les mocktails servis avec des glaçons. Très décoratif et tout aussi polyvalent, il peut parfaitement mettre en valeur une large palette de mocktail classiques ou plus originaux.

• **Le verre highball** : aussi appelé « grand tumbler », il a une contenance de 35 cl.

Le glaçon : un élément fascinant, important, trop souvent négligé

La plupart des mocktails sont servis accompagnés de quelques glaçons qui contribuent à rendre la boisson très rafraîchissante. Problème : s'ils sont très courants, les glaçons restent les grands incompris du mocktail. Et ils sont beaucoup trop souvent négligés.

Dans les bars, certains clients en viennent parfois à penser que le fait de glisser quelques glaçons dans le verre à cocktail ou à mocktail permet de réduire la quantité globale de boisson. Rien n'est plus faux et quiconque possède ne fut-ce que quelques vagues notions élémentaires de mixologie sait que la glace joue un rôle majeur dans la création du breuvage.

Sus aux (fausses) idées reçues

Que ce soit dans un bar ou dans le cercle privé, peu importe : beaucoup de consommateurs s'imaginent qu'il est préférable de ne mettre que peu de glaçons dans un verre afin d'éviter que la boisson ne soit trop diluée et n'ait, au final, qu'un goût d'eau. Cette idée reçue, malheureusement assez fréquente, est totalement fausse car, en plus d'apporter une agréable fraîcheur, la glace a un impact – mais un impact positif – sur la dilution de la boisson. Ce qui est complètement à l'opposé de la croyance si répandue.

Pour comprendre cela, il est nécessaire de posséder quelques notions de base de physique. Explications... Contrairement à la chaleur qui se propage, le froid ne se transmet pas. C'est la température ambiante qui diffuse sa chaleur vers la glace, avec pour résultat que cette dernière fond. Et elle fond même d'autant plus vite qu'il y en a peu ou que les glaçons sont petits. Plus le volume de glace est important dans le verre, plus les glaçons sont bien compacts, plus le processus de fonte est long. Et la boisson sera moins vite diluée.

Car si le nombre de glaçons est important, leur volume l'est également. Un très gros glaçon contenant peu de bulles d'air offre une plus petite surface

de contact direct avec le liquide que plusieurs petits glaçons. Ce qui contribue efficacement à ralentir l'échange thermique, la fonte des glaçons et la dilution de la boisson.

Des glaçons « vite fait, bien fait » grâce à l'effet Mpemba

À moins de posséder une machine à glaçons, la réalisation de glaçons demande du temps. Et même parfois beaucoup de temps. Ce qui peut poser problème si des amis s'invitent à l'improviste à l'heure de l'apéro. Il y a cependant moyen de faire de très beaux glaçons en un temps record. En seulement 30 minutes chrono. Grâce à l'effet Mpemba... Ne cherchez pas d'explication scientifique : le phénomène est encore inexpliqué. Mais il est certain que cela fonctionne merveilleusement bien.

Alors qu'il poursuit encore ses études en Tanzanie, le jeune Erasto Mpemba découvre un phénomène paradoxal grâce auquel, sous certaines conditions, l'eau chaude gèle plus vite que l'eau froide. En réalité, l'étudiant tanzanien, qui deviendra par la suite un scientifique de renom, n'est pas le premier à faire cette étrange constatation. Bien avant lui, Aristote et Descartes sont arrivés à la même conclusion. Le phénomène est cependant passé inaperçu pendant une très longue période, jusqu'au moment où, un peu par hasard, Erasto Mpemba s'y intéresse à son tour. Depuis, la communauté scientifique s'est également intéressée à cet étrange phénomène sans pour autant apporter plus d'explications fiables. Mais le fait est là : si vous mettez de l'eau chaude dans le congélateur, celle-ci va se transformer en glace plus rapidement que de l'eau froide. Il convient cependant de mentionner le fait que, pour efficace que ce soit, utiliser de l'eau chaude pour confectionner des glaçons est parfois contesté par certains professionnels de santé qui brandissent le risque de prolifération bactérienne.

Heureusement, l'effet Mpemba, pour insolite et efficace qu'il soit, n'est cependant pas le seul moyen d'obtenir des glaçons très rapidement. Vous pouvez aussi saupoudrer un petit peu de sel fin sur l'eau avant de la verser dans les bacs à glaçons. Le sel abaisse le point de congélation de l'eau, ce qui accélère le processus de congélation.

Glaçon d'eau douce

Vous connaissiez certainement les marins d'eau douce. Voici maintenant les glaçons d'eau douce. Car un glaçon ne se prépare pas à base de n'importe quelle eau. L'eau du robinet, lourdement chargée en substances chimiques, en métaux lourds, en pesticides agricoles... est à déconseiller dans tous les cas. Non seulement pour préserver votre santé, mais aussi parce qu'elle ne convient absolument pas à la fabrication des glaçons.

En effet, l'eau de distribution est souvent « dure ». Or, les composés à base de calcium et de magnésium contenu dans cette eau « dure » font fondre les glaçons plus vite. Il est donc vivement recommandé de n'utiliser que de l'eau douce. De l'eau traitée par un adoucisseur d'eau convient parfaitement. Si vous ne disposez pas d'un adoucisseur, vous pouvez obtenir de l'eau douce en faisant préalablement bouillir l'eau qui servira à la confection des glaçons.

Les glaçons, aussi, peuvent être périmés

Dans tous les cas, ne conservez jamais vos glaçons trop longtemps : bien qu'on le sache rarement, ils ont une durée de vie limitée. Quelques données chiffrées pour illustrer cela...

Si elle est non réfrigérée, l'eau de distribution présente la durée de vie la plus courte, n'excédant pas 24 heures au grand maximum. Sous forme de glaçons, elle ne se conserve que deux semaines dans un bac ouvert, mais jusqu'à trois mois si les glaçons sont emballés hermétiquement (dans des sachets à glaçons, par exemple).

La raison de cette durée de conservation limitée ? Les bactéries, tout simplement ! Même votre congélateur, aussi bien entretenu soit-il, est susceptible de contenir des bactéries. Si la congélation freine leur croissance, elle ne les élimine pas.

De plus, une trop longue conservation altère le goût de vos glaçons. En effet, si vous laissez trop longtemps votre glace à l'air libre, une mauvaise odeur va se dégager ainsi qu'une saveur désagréable en bouche. Vous devez savoir que plus le temps de conservation est long, plus vos glaçons sentent le chlore ou même sont imprégnés des autres aliments présents dans votre congélateur.

Amazing

Pour 1 verre

- 1 clémentine
- 2 fraises
- 2 cl de sirop de citronnelle
- 8 cl de thé blanc froid
- 2 cl d'aquafaba
- glaçons

Pour la décoration

1 fraise

Le verre : martini

Préparation

Épluchez la clémentine et pressez le fruit pour en récolter le jus. Lavez la fraise, équeutez-la et coupez-la en deux.

Mettez ces morceaux de fraise dans un shaker Boston ou continental, puis ajoutez-y le sirop de citronnelle. Écrasez au pilon.

Versez ensuite le jus de la clémentine, le thé froid et l'aquafaba. Ajoutez quelques glaçons. Fermez le shaker. Shakez pendant environ 20 secondes.

Transvasez dans le verre de service. Décorez en plantant une fraise sur le bord du verre.

Servez aussitôt, très frais.

Très odorant, sucré mais pas trop, un peu acidulé et très frais, le sirop de citronnelle passe pour être une sorte de concentré des saveurs thaïs. Bonne nouvelle : il peut facilement être réalisé « maison ». La recette : hachez finement 4 bâtons de citronnelle et plongez-les dans environ 75 cl d'eau mise à chauffer (mais pas à ébullition). Dès que l'eau frémit, ajoutez 750 g de sucre fin, puis remuez jusqu'à ce que les grains de sucre soient dissous. Retirez du feu et laissez refroidir avant de passer la préparation au travers d'un chinois. Le sirop de citronnelle est prêt !

Anafram

Pour 1 verre

- 3 c. à s. de sirop de framboise
- 20 cl de jus d'ananas
- 20 cl de limonade
- glaçons

Pour la décoration
1 ou 2 feuilles de menthe fraîche

Le verre : verre à vin

Préparation

Dans le verre de service contenant quelques glaçons, versez le sirop de framboise, le jus d'ananas et la limonade. Mélangez ces ingrédients à la cuillère.

Décorez avec 1 ou 2 feuilles de menthe fraîche.

Servez aussitôt, très frais.

En France, citronnade et limonade sont toutes deux à base de jus de citron, de sucre et d'eau. La grande différence entre les deux boissons réside dans le dernier ingrédient : pour la citronnade, c'est de l'eau plate qui est utilisée, alors que la limonade privilégie l'eau pétillante.

Apple Rose

Pour 1 verre

- 2 cl de sirop de framboise
- 6 cl de bitter lemon
- 6 cl de jus de pomme
- glaçons

Pour la décoration
1 brin de menthe fraîche

Le verre : tumbler

Préparation

Versez dans le verre de service contenant des glaçons, et dans l'ordre, le sirop de framboise, le bitter lemon et le jus de pomme.

Remuez les différents ingrédients. Décorez d'un brin de menthe fraîche.

Servez aussitôt, très frais.

Jusqu'au bout de l'été... Ce mocktail aussi gourmand que rafraîchissant vous procurera un plaisir énorme tout au long de la saison estivale. Délicieusement fruité, bénéficiant aussi des bienfaits d'un jus de pomme « maison » ou au moins bio, il est de tous les après-midis de détente, dans le jardin ou au bord de la piscine.

Bellini

Pour 1 verre

- 3 cl de purée de pêche
- 10 cl de tonic

Pour la décoration

1 fine demi-rondelle de pêche, avec la peau

Le verre : flûte à champagne

Préparation

Versez la purée de pêche dans le verre de service et ajoutez-y le tonic.

Remuez délicatement à la cuillère à mélange. Décorez avec la demi-rondelle de pêche piquée sur un petit bâtonnet.

Servez aussitôt, très frais.

En version cocktail, le Bellini a été créé vers la fin des années 1940 par Giuseppe Cipriani, qui dirigeait à l'époque le célébrissime Harry's Bar de Venise. Pour imaginer son cocktail, Giuseppe Cipriani se serait inspiré d'un tableau du peintre de la Renaissance Bellini, tout en aplats rose-orangé. Devenu un classique des meilleurs bars vénitiens, le Bellini se décline désormais aussi en version mocktail, avec seulement deux ingrédients. Difficile de faire plus simple.

Bloody Mary

Pour 1 verre

- 1 branche de céleri frais
- 15 cl de jus de tomate
- 1 c. à s. de jus de citron
- quelques gouttes de Tabasco (selon le goût)
- quelques gouttes de sauce Worcestershire (selon le goût)
- sel de céleri, poivre
- glaçons

Pour la décoration
quelques feuilles de céleri frais

Le verre : highball

Préparation

Lavez la branche de céleri et effilez-la. Conservez quelques feuilles pour la décoration finale.

Versez le jus de tomate dans un blender. Ajoutez-y le céleri, le jus de citron, la sauce Tabasco, la sauce Worcestershire, un peu de sel de céleri et de poivre. Ajoutez encore quelques glaçons, puis actionnez l'appareil jusqu'à l'obtention d'une préparation bien homogène.

Transvasez-la dans le verre de service. Décorez avec quelques petites feuilles de céleri.

Servez aussitôt, très frais.

En version cocktail, le Bloody Mary intègre de la vodka. Cette version mocktail conserve tous les codes du Bloody Mary, l'alcool en moins. Les saveurs végétales et celles des sauces n'en ressortent que plus fortement.

Blue Lagoon

Pour 1 verre

- 1 à 2 c. à s. de sirop de curaçao
- 10 cl de jus de pamplemousse
- 10 cl de tonic
- glaçons

Pour la décoration
1 rondelle de citron

Le verre : highball

Préparation

Remplissez le verre de service de glaçons, puis versez-y le sirop de curaçao et le jus de pamplemousse.

Mélangez les ingrédients à la cuillère de bar, puis topez le tout avec le tonic.

Servez aussitôt, très frais.

À l'origine, le cocktail Blue Lagoon a été inventé au début des années 1960 au célèbre Harry's Bar. Juste au moment où est aussi apparu le curaçao bleu, et ce n'est pas un hasard... Dans la variante sans alcool, la liqueur de curaçao est habilement remplacée par le sirop de curaçao. Si vous n'appréciez pas trop ce sirop, ou si vous n'en trouvez pas dans vos commerces, vous pouvez le remplacer, en même quantité, par du sirop de menthe bleu.

Bora-Bora

Pour 1 verre

- 10 cl de jus d'ananas
- 6 cl de jus de fruit de la passion
- 1 cl de jus de citron
- 2 cl de sirop de grenadine
- glaçons

Pour la décoration
1 petit quartier d'ananas

Le verre : tumbler

Préparation

Remplissez un shaker Boston ou continental de glaçons. Versez-y ensuite, un à un, le jus d'ananas, le jus de fruit de la passion, le jus de citron et le sirop de grenadine. Fermez le shaker. Shakez pendant une quinzaine de secondes.

Transvasez le mélange dans le verre de service, en filtrant les glaçons. Décorez en plantant le quartier d'ananas sur le rebord du verre.

Servez aussitôt, très frais.

Entre ananas et fruit de la passion, ce mocktail joue à fond – et avec succès – la carte de l'exotisme. Très fruité mais aussi fort rafraîchissant, le Bora-Bora doit son nom à la célèbre île polynésienne éponyme. C'est pourtant à New-York que ce mocktail aurait été créé dans le courant des années 1980.

Cerise – gingembre

Pour 1 verre

- 1 c. à s. d'eau de rose
- 15 cl de soda au gingembre
- 3 cl de sirop de cerise
- glaçons

Pour la décoration
1 cerise au marasquin avec la tige

Le verre : tumbler

Préparation

Versez l'eau de rose dans le verre de service, ajoutez le soda au gingembre et mélangez ces ingrédients à la cuillère.

Mettez quelques glaçons dans le verre, puis incorporez le sirop de cerise. Décorez avec la cerise au marasquin.

Servez aussitôt, très frais.

Que ce soit au moment de préparer un cocktail ou un mocktail, peu importe : le gingembre est un habitué du bar. Rien d'étonnant à cela : le gingembre est très aromatique, voire même piquant. On lui prête même des vertus aphrodisiaques. Ce mocktail à la cerise et au gingembre serait-il donc à savourer en tête-à-tête avec son binôme ?

Cola – gingembre

Pour 1 verre

- 1/2 citron bio
- quelques feuilles de menthe fraîche
- 5 cl de sirop de gingembre
- 15 cl de boisson au cola
- glaçons

Pour la décoration
1 brin de menthe fraîche

Le verre : highball

Préparation

Prélevez une fine lanière de zeste de citron. Pressez le fruit pour en récolter le jus.

Mettez les feuilles de menthe fraîche dans le verre de service. Ajoutez-y le jus et le zeste du citron ainsi que le sirop de gingembre.

Ajoutez encore quelques glaçons, puis complétez le remplissage du verre avec la boisson au cola. Décorez avec le brin de menthe fraîche.

Servez aussitôt, très frais.

L'association du gingembre et du cola fonctionne fort bien et donne une boisson très agréablement pétillante. Sans alcool, ce mocktail peut donc être savouré par les amateurs de cola de tous les âges.

Concombre pétillant

Pour 1 verre

- 2 ou 3 fines rondelles de concombre
- quelques baies de genièvre
- quelques feuilles de menthe fraîche
- 8 cl de Festillant blanc
- 16 cl de tonic
- glaçons

Pour la décoration

1/2 rondelle de concombre

Le verre : verre à vin

Préparation

Remplissez à moitié le verre de service de glaçons.

Déposez les fines rondelles de concombre, les baies de genièvre et les feuilles de menthe fraîche dans le verre. Ajoutez le Festillant blanc.

Complétez le remplissage du verre avec le tonic. Décorez en plantant une demi-rondelle de concombre sur le bord du verre.

Servez aussitôt, très frais.

Le Festillant est un apéritif sans alcool qui présente des notes fruitées. D'une agréable fraîcheur, il présente des bulles généreuses capables de transformer un mocktail en une vraie boisson de fête.

Cool Baby

Pour 1 verre

- 1 rondelle d'orange
- 15 cl de jus de groseille
- 5 cl de soda
- glaçons

Pour la décoration
1 brin de menthe fraîche

Le verre : tumbler

Préparation

Mettez des glaçons dans un verre de service de façon à ce qu'il soit rempli à moitié.

Ajoutez la rondelle d'orange, puis versez le jus de groseille ainsi que le soda.

Mélangez le tout à la cuillère. Décorez avec un brin de menthe fraîche.

Servez aussitôt, très frais.

Les délicieuses saveurs fruitées de ce mocktail font qu'il est apprécié par les amateurs de tous les âges. Même les plus jeunes se laisseront séduire par cette boisson hyper-agréable, à déguster au cœur de l'après-midi ou en soirée.

Cosmopolitan

Pour 1 verre

- 5 cl de jus de canneberge
- 1 c. à s. de jus de citron vert (lime)
- 1 c. à s. de glace pilée
- 10 cl de soda au gingembre

Pour la décoration
1 rondelle de citron vert (lime)

Le verre : tulipe

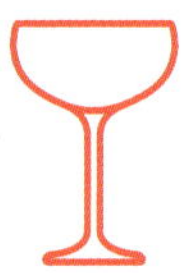

Préparation

Versez le jus de canneberge et le jus de citron vert dans un blender. Ajoutez-y la glace pilée, puis actionnez l'appareil pendant quelques secondes, à puissance maximale.

Versez cette préparation dans un verre tulipe. Complétez le remplissage avec le soda au gingembre. Décorez avec une rondelle de citron vert.

Servez aussitôt, très frais.

Apparu dans le courant des années 1970 à San Francisco, le Cosmopolitan est un grand classique des cocktails à base de vodka. Cette version sans alcool met parfaitement en exergue les saveurs de la canneberge et du citron vert. Si vous appréciez particulièrement le goût du gingembre, vous pouvez accentuer cette note gustative en ajoutant un tout petit peu de gingembre frais dans le blender avant de mixer.

Daïquiri

Pour 1 verre

- 50 g de fraises fraîches
- 3 cl de sirop de fraise
- 10 cl de jus d'ananas
- 5 cl de jus de citron vert (lime)
- 1 c. à s. de glace pilée

Pour la décoration

1 fraise

Le verre : martini

Préparation

Lavez et séchez les fraises. Réservez-en une pour la décoration finale. Équeutez toutes les autres, puis coupez-les en morceaux.

Mettez ces morceaux de fraises dans un blender. Ajoutez-y le sirop de fraise, le jus d'ananas, le jus de citron vert et la glace pilée. Actionnez l'appareil pendant quelques secondes, à puissance maximale.

Transvasez la préparation dans le verre de service. Entaillez légèrement la fraise restante pour la positionner sur le rebord du verre.

Servez aussitôt, très frais.

Comme le Mojito, le Daïquiri en version cocktail est né sur l'île de Cuba. Il serait même apparu dans la ville éponyme, non loin de Santiago de Cuba, point de départ de la révolution. Si le Daïquiri fait honneur au fameux rhum blanc agricole cubain, sa version mocktail rend plutôt un hommage fruité à la fraise qui dévoile ici tous ses parfums et toutes ses saveurs. Pas trop sucré et même d'une agréable fraicheur, ce mocktail se prépare bien entendu à la pleine saison des fraises, quand celles-ci sont gorgées de soleil, de parfums et de goût.

Délice d'agrumes

Pour 1 verre

- 1 clémentine
- 1/2 pamplemousse rose
- 1 grosse boule de sorbet saveur citron
- 2 cl de sirop de canne à sucre
- 10 cl de jus de canneberge
- glaçons

Pour la décoration
1 lanière de zeste de clémentine

Le verre : verre à vin

Préparation

- Coupez la clémentine en deux et pressez-la afin d'en récolter le jus. Pressez aussi le demi-pamplemousse rose pour en récolter le jus.

- Mettez des glaçons dans le bol d'un mixeur pour arriver à environ un tiers de sa hauteur. Versez-y les deux jus précédents, puis ajoutez la boule de sorbet saveur citron, le sirop de canne à sucre et le jus de canneberge.

- Actionnez l'appareil pendant 20 à 30 secondes, puis transvasez la préparation dans le verre de service. Décorez avec la lanière de zeste de clémentine.

- Servez aussitôt, très frais.

Le jeu des saveurs des agrumes, rehaussées par le sirop de canne et la canneberge, confère toute son originalité, mais aussi toutes ses saveurs à ce joli mocktail à savourer au cœur de l'été. À l'achat, ne confondez pas la clémentine avec la mandarine. Celle-ci est légèrement plus grosse que la clémentine et contient beaucoup de pépins. Quant à la clémentine, elle est moins parfumée et est plus facile à éplucher.

Feel Good

Pour 1 verre

- 7 cl de jus de framboise
- 7 cl de jus d'ananas
- 7 cl de jus de canneberge
- 7 cl de ginger ale
- glaçons

Pour la décoration
1 framboise

Le verre : highball

Préparation

Mettez quelques glaçons dans le verre de service. Ajoutez-y le jus de framboise, le jus d'ananas et le jus de canneberge.

Complétez le remplissage du verre avec le ginger ale. Remuez à la cuillère. Décorez avec une framboise plantée sur le bord du verre. Ajoutez une paille.

Servez aussitôt, très frais.

La canneberge est une petite baie d'un joli rouge vif qui est consommée depuis des siècles par les Amérindiens qui en connaissaient déjà nombre de vertus. De la taille d'une olive, cette petite baie – aussi connue sous le nom de cranberry – a une saveur acidulée très intéressante en cuisine, aussi bien pour des préparations salées que sucrées. À choisir de qualité biologique exclusivement, le jus de canneberge concentre les propriétés et bienfaits-santé de la baie dont il est issu. Il est notamment apprécié par les scientifiques pour sa haute teneur en composés phénoliques qui permettent de neutraliser les radicaux libres du corps, prévenant ainsi certains types de maladies cardiovasculaires et cancéreuses.

Fizz pimenté

Pour 1 verre

- 5 cl de jus de pamplemousse
- 2 cl de sirop de pêche
- 7 cl d'eau gazeuse
- 1 pincée de piment d'Espelette
- glaçons

Pour la décoration

1 fine rondelle de pamplemousse

Le verre : verre à vin

Préparation

Versez le jus de pamplemousse puis le sirop de pêche dans le verre de service.

Ajoutez des glaçons puis, lorsque la boisson est fraîche, versez l'eau gazeuse. Agrémentez d'une petite pincée de piment d'Espelette.

Remuez à la cuillère. Décorez avec la fine rondelle de pamplemousse.

Servez aussitôt, très frais.

Pour ce délicieux mocktail, privilégiez une eau gazeuse à fines bulles. Votre plaisir gustatif n'en sera que plus intense.

Fraîcheur d'été

Pour 1 verre

- 1/4 de concombre bio
- 1/2 c. à c. de piment en poudre
- 10 cl de jus de clémentine
- 10 cl de jus de pomme
- glaçons

Pour la décoration
1 piment rouge

Le verre : verre à vin

Préparation

Sans l'éplucher, coupez le concombre en petits dés. Mettez ceux-ci dans un verre de service et saupoudrez-les de piment en poudre.

Écrasez ces ingrédients au pilon, puis ajoutez quelques glaçons.

Versez le jus de clémentine et le jus de pomme. Mélangez à la cuillère. Décorez en plantant un petit piment rouge sur le bord du verre.

Servez aussitôt, très frais.

Il existe de fort nombreuses variétés de piments, et donc quasiment autant de piments en poudre. On parle de piment de Cayenne, de piment Habanero, de piment d'Espelette, de piment Jalapeno, de piment Arbol... Si vous appréciez les boissons relevées, vous pouvez privilégier ici le piment rouge de Madagascar. Principalement cultivé sur la côte Est de l'île, surtout dans la région d'Analanjirofo où les conditions climatiques sont favorables à sa croissance, ce piment d'exception qui est doté de plusieurs propriétés médicinales a un côté piquant soutenu. Même s'il s'agit d'un « must », il est donc à utiliser avec une certaine modération.

Fresh Dream

Pour 1 verre

- 1/2 citron vert (lime)
- 2 brins de coriandre fraîche
- 1/2 petite pastèque
- 10 cl d'eau minérale
- glaçons

Pour la décoration

1 petit quartier de pastèque

Le verre : martini

Préparation

Pressez le demi-citron vert pour en récolter tout le jus.

Après avoir rincé les brins de coriandre, mettez-les dans le bol d'un mixeur. Ajoutez-y quelques glaçons, le jus du citron vert ainsi que la pastèque préalablement épluchée et coupée en morceaux. Incorporez aussi l'eau minérale.

Actionnez l'appareil pendant 15 à 20 secondes, puis transvasez la préparation dans un verre de service.

Servez aussitôt, très frais.

Ne remplacez jamais l'eau minérale par l'eau du robinet. Outre son haut degré de pollution, elle dégage souvent une odeur, voire un horrible goût de produit chimique qui nuit à toutes les préparations, y compris les mocktails.

Gimlet

Pour 1 verre

- 6 cl de gin boréal sans alcool
- 1 cl de sirop de citron vert
- glaçons

Pour la décoration
1 brin de romarin frais

Le verre : martini

Préparation

Versez le gin boréal dans un shaker Boston ou continental. Ajoutez-y le sirop de citron vert et quelques glaçons. Fermez le shaker. Shakez pendant environ 1 minute.

Transvasez la préparation, avec les glaçons, dans le verre de service. Décorez avec un brin de romarin frais.

Servez aussitôt, très frais.

Le Gimlet est un classique des cocktails à base de gin. Son seul autre composant est le jus de citron vert. Il est difficile de faire plus simple à préparer. Surprise ! Ce mocktail intègre aussi du gin. Mais un gin boréal sans alcool, très apprécié notamment au Québec, mais assez facile à se procurer dans nos contrées, notamment grâce à Internet. Il se caractérise principalement par des notes de baies de genièvre citronnées, d'épinette, de myrique baumier (ou piment royal, un petit arbuste vivace qui pousse en colonie et dégage une fort agréable odeur) et de romarin.

Ginger Ale Kanji

Pour 1 verre

- 1 cl de jus de citron vert
- 4 cl de cordial de rhubarbe
- 2 cl de purée de fraises
- Schweppes Ginger Ale
- glaçons

Pour la décoration

1 tranche de citron vert séchée

Le verre : tumbler

Préparation

Versez le jus de citron vert dans un shaker Boston ou continental. Ajoutez-y le cordial de rhubarbe puis la purée de fraises. Ajoutez encore quelques glaçons. Fermez le shaker. Shakez pendant quelques secondes.

Versez la mixture dans le verre de service contenant déjà quelques glaçons en la filtrant à l'aide d'une passoire à cocktail. Complétez le verre de Schweppes Ginger Ale, et enfin, décorez d'une tranche de citron vert séchée.

Servez aussitôt, très frais.

Voici un mocktail tout à la fois doux et acidulé, qui se boit sans modération, mais avec énormément de plaisir. Le cordial de rhubarbe – ou sirop de rhubarbe – est difficile à trouver dans le commerce, hormis peut-être dans quelques magasins de produits naturels ou biologiques bien achalandés. Bonne nouvelle : vous pouvez le réaliser « maison » en versant 2 kg de rhubarbe dans un grand faitout porté sur un feu doux. Laissez compoter jusqu'à ce que la rhubarbe soit bien tendre. Laissez ensuite complètement refroidir, puis mettez la rhubarbe à égoutter dans une étamine placée dans une passoire, le tout au-dessus d'une grande casserole. Laissez égoutter. À la fin de cette étape, serrez le plus possible l'étamine pour en retirer encore un maximum de jus. Ajoutez 1,20 kg de sucre en poudre et 50 g d'acide citrique. Portez le tout à ébullition, réduisez le feu et faites cuire pendant quelques minutes à petits bouillons. Laissez refroidir, transvasez dans des bouteilles en verre fermant hermétiquement (vous avez environ 1,5 litre de cordial de rhubarbe) et conservez au frais, dans le réfrigérateur.

Ginger Berry

Pour 1 verre

- 4 ou 5 feuilles de menthe fraîche
- 2 cl de jus de citron vert
- 1 c. à s. de confiture de fraise
- 10 cl de ginger beer sans alcool
- glaçons

Pour la décoration

1 fraise fraîche

Le verre : tumbler

Préparation

Mettez les feuilles de menthe dans le fond d'un shaker Boston ou continental, et écrasez-les au pilon.

Tout en laissant les feuilles de menthe, remplissez à moitié le shaker de glaçons, puis ajoutez le jus de citron vert et la confiture de fraise. Fermez le shaker. Shakez pendant une dizaine de secondes.

Transvasez la préparation dans le verre de service en la filtrant.

Complétez le remplissage du verre avec la ginger beer. Décorez avec 1 fraise plantée sur le rebord du verre.

Servez aussitôt, très frais.

Originaire de Jamaïque, la ginger beer est une bière au gingembre dont il existe deux versions : une version alcoolisée et une version sans alcool qui est utilisée pour réaliser ce mocktail. Elle est produite en faisant fermenter du gingembre frais avec de la mélasse et de la levure de boulanger. Malgré ce que son nom laisse supposer, la ginger beer qui serait apparue sur l'île caribéenne n'a strictement rien à voir avec une bière classique car elle ne contient ni houblon, ni malt.

Givré

Pour 1 verre

- 150 g de canneberges congelées
- 5 c. à s. de sirop d'érable
- 12 cl d'eau gazeuse
- glaçons

Pour la décoration

quelques canneberges

Le verre : tumbler

Préparation

Mettez les canneberges, le sirop d'érable et 5 c. à s. d'eau chaude dans un robot, actionnez l'appareil jusqu'à l'obtention d'un sirop.

Versez 6 cl de cette préparation dans un verre de service. Ajoutez l'eau gazeuse et complétez le remplissage du verre avec des glaçons. Décorez le verre avec quelques canneberges.

Servez aussitôt, très frais.

Peu de mocktails intègrent du sirop d'érable. Confectionné à partir de la sève d'érable récoltée au printemps et concentrée par ébullition, ce sirop est emblématique du Canada. Un sirop d'érable de couleur claire, récolté au début la saison sera moins chargé en sucre et aura un goût léger et doux tout en laissant paraître des notes légèrement boisées. À l'inverse, plus la couleur du sirop d'érable fonce, plus le taux de sucre augmente laissant un goût plus prononcé et caramélisé.

Habibi

Pour 1 verre

- 2 feuilles de basilic frais
- 3 framboises fraîches
- 3 cl de jus de citron vert (lime)
- 2 cl d'eau de litchi
- 3 cl de sirop de fleur d'hibiscus
- Schweppes Tonic Hibiscus
- glaçons

Pour la décoration

1 fleur d'hibiscus

Le verre : margarita

Préparation

Mettez les feuilles de basilic et les framboises dans le fond d'un shaker Boston ou continental, puis écrasez-les au pilon.

Versez-y ensuite le jus de citron vert, l'eau de litchi et le sirop de fleur d'hibiscus. Ajoutez quelques glaçons. Fermez le shaker. Shakez pendant une dizaine de secondes.

Filtrez le mélange et transvasez-le dans le verre de service contenant déjà quelques glaçons. Complétez avec le Schweppes Tonic Hibiscus. Décorez en plaçant une fleur d'hibiscus sur le rebord du verre.

Servez aussitôt, très frais.

Une couleur magnifique. Des saveurs irrésistibles. Et un nom enchanteur : en arabe, « habibi » peut en effet être traduit par « mon cher », voire même « mon chéri ». Un nom qui va à ravir à ce mocktail d'exception rehaussé par le goût intense et astringent de l'hibiscus.

Hibiscus Vibes

Pour 1 verre

- 5 framboises
- 3 myrtilles
- 3 ou 4 feuilles de menthe fraîche
- 1,5 cl de sirop de réglisse
- 1,5 cl de sirop de gingembre
- 10 cl d'infusion d'hibiscus froide
- 5 cl de soda
- glaçons

Pour la décoration

1 framboise

Le verre : martini

Préparation

- Mettez les framboises et les myrtilles dans le fond d'un shaker Boston ou continental. Ajoutez-y les feuilles de menthe fraîche. Versez ensuite le sirop de réglisse et le sirop de gingembre. Écrasez le tout au pilon.

- Complétez le remplissage du shaker avec les glaçons, ajoutez l'infusion d'hibiscus froide. Fermez le shaker. Shakez pendant 10 à 15 secondes.

- Transvasez la préparation dans un verre de service en la filtrant doublement, à travers une passoire et un chinois.

- Complétez le remplissage du verre avec le soda. Décorez avec la petite framboise.

- Servez aussitôt, très frais.

Si, du fait de son intense robe grenat, l'infusion d'hibiscus est un véritable régal pour l'œil, elle est aussi un pur plaisir pour le palais. Elle développe en bouche une saveur riche et complexe, tout à la fois fruitée, acidulée, fleurie et douce, mais également pleine de caractère. Elle rehausse et enrichit magnifiquement ce fabuleux mocktail.

Ipanema

Pour 1 verre

- 1/2 citron vert (lime)
- 1 fruit de la passion
- 2 c. à c. de sucre de canne blanc
- 10 cl de ginger beer sans alcool
- glace pilée

Pour la décoration
1 quartier de citron vert

Le verre : tumbler

Préparation

Coupez le citron vert en quartiers et mettez-les dans le verre de service.

Coupez le fruit de la passion en deux. Prélevez-en la chair avec une cuillère. Versez-la dans le verre.

Ajoutez le sucre de canne, remplissez le verre de glace pilée et complétez le remplissage avec la ginger beer.

Servez aussitôt, très frais.

Ce mocktail aux saveurs d'été vous fera voyager jusqu'au Brésil. Dépaysement et plaisir garantis !

Island of Dream

Pour 1 verre

- 1 banane
- 1/3 de mangue
- 10 cl d'eau de coco
- 10 cl d'infusion de vanille froide
- glaçons

Pour la décoration

1 bâton de vanille

Le verre : margarita

Préparation

Pelez la banane et coupez-la en rondelles. Épluchez la mangue et détaillez-la en petits morceaux.

Mettez des glaçons dans un verre de service de façon à ce qu'il soit à moitié rempli. Ajoutez-y les morceaux de fruits, puis versez l'eau de coco et l'infusion de vanille froide.

Mélangez le tout à la cuillère. Décorez en plantant un bâton de vanille dans le verre. Servez avec une longue cuillère pour récupérer les morceaux de fruits.

Servez aussitôt, très frais.

Les parfums et les saveurs de ce mocktail font immanquablement penser aux plus envoûtantes îles exotiques. Il est rehaussé par une infusion de vanille qu'il est facile et amusant de préparer « maison ». Fendez une gousse de vanille (idéalement en provenance des Comores ou de Madagascar) en deux, dans sa longueur. Grattez l'intérieur de la gousse à l'aide d'un petit couteau pour récupérer les graines. Plongez le tout dans environ 50 cl d'eau et faites infuser à 70 °C pendant 30 minutes. Retirez du feu, laissez refroidir et laissez reposer au frais, dans le réfrigérateur, pendant 24 heures avant d'utiliser l'infusion.

Kwi-Kwi

Pour 1 verre

- 1/2 citron vert (lime)
- 1/2 kiwi
- quelques feuilles de menthe fraîche
- soda à l'orange
- glaçons

Pour la décoration
1 rondelle de kiwi

Le verre : tumbler

Préparation

Détaillez le citron vert en petits morceaux. Pelez le kiwi et coupez-le aussi en très petits morceaux.

Mettez ces deux ingrédients dans un verre de service, puis ajoutez les feuilles de menthe. Écrasez le tout au pilon.

Complétez le remplissage du verre avec le soda à l'orange et des glaçons. Décorez avec une rondelle de kiwi plantée sur le bord du verre.

Servez aussitôt, très frais.

Un mocktail. Et un jeu de mots. Le nom de ce cocktail fait directement allusion au kiwi, mais aussi au nom et au cri d'un oiseau vivant en Nouvelle-Zélande. À l'origine, le kiwi s'appelait « yang tao » et était cultivé en Chine. Ce n'est qu'en 1959 qu'il arriva en Nouvelle-Zélande et qu'on lui donna le nom d'un petit volatile insulaire.

Lapin Malin

Pour 1 verre

- 10 cl de jus de carotte
- 5 cl de nectar de poire
- 8 cl de jus d'orange
- glaçons

Pour la décoration

1/2 rondelle d'orange

Le verre : highball

Préparation

Versez le jus de carotte dans le verre de service. Ajoutez le nectar de poire et le jus d'orange.

Mélangez ces ingrédients à la cuillère. Complétez le remplissage du verre avec des glaçons. Décorez avec une demi-rondelle d'orange.

Servez aussitôt, très frais.

L'image traditionnelle du lapin veut qu'il soit extrêmement friand de belles carottes. Mais une fois transformées en jus, celles-ci contribuent à faire un mocktail d'exception qui associe avec bonheur légume et fruits. Un mocktail 100 % nature à savourer sans modération.

Lemon Ball

Pour 1 verre

- 1/3 de melon
- 1 zeste de citron vert (lime) bio
- quelques feuilles de coriandre fraîche
- 1 boule de sorbet au citron
- glaçons

Pour la décoration
1 branche de romarin

Le verre : verre à vin

Préparation

Épluchez le morceau de melon. Retirez les graines et les filaments. Détaillez la chair en morceaux. Détaillez le zeste de citron vert en morceaux.

Mettez les morceaux de melon et de zeste de citron vert dans le bol d'un mixeur. Ajoutez-y les feuilles de coriandre et quelques glaçons.

Actionnez l'appareil pendant 20 à 25 secondes, à vitesse moyenne.

Transvasez la préparation dans un verre de service. Ajoutez une grosse boule de sorbet au citron. Décorez le dessus de la boule de sorbet de la branche de romarin.

Servez aussitôt, très frais.

Il y a à boire et à manger dans ce verre. Les amateurs de sorbets se laisseront immanquablement séduire par ce mocktail dont la fraîcheur est accentuée par le sorbet au citron. Un pur régal !

Lime Détox

Pour 1 verre

- 1 petit morceau de gingembre frais
- 2 cl de jus de citron vert
- 1 cl de sirop d'agave
- 12 cl de Perrier citron vert
- glaçons

Pour la décoration
1 bâton de concombre

Le verre : highball

Préparation

Mettez le petit morceau de gingembre frais dans un shaker Boston ou continental, puis ajoutez le jus de citron vert. Écrasez ces ingrédients au pilon.

Ajoutez ensuite dans le shaker le sirop d'agave ainsi que le Perrier citron vert. Fermez le shaker et mélangez.

Remplissez le verre de service de glaçons, puis transvasez-y la préparation qui se trouve dans le shaker, en la filtrant. Décorez le verre avec un baton de concombre.

Servez aussitôt, très frais.

Se faire du bien avec du bon ? Tel pourrait être la devise de ce mocktail haut en saveurs et qui se positionne comme une excellente boisson détox. Le sirop d'agave est un édulcorant naturel, moins visqueux et plus doux que le miel. Jadis aliment-phare de l'alimentation aztèque, il est surtout apprécié aujourd'hui pour son pouvoir sucrant naturel. Surtout auprès des sportifs et des personnes qui cherchent à améliorer la qualité de leur alimentation en évitant tous les sucres raffinés industriels.

Litchi Folie

Pour 1 verre

- 3 litchis en conserve
- 2 cl du sirop de litchi de la boîte
- 10 cl d'infusion d'hibiscus froide
- glaçons

Pour la décoration

feuilles de menthe

Le verre : rock

Préparation

Mettez quelques glaçons dans le verre de service.

Déposez-y ensuite les litchis, puis versez le sirop de litchi ainsi que l'infusion d'hibiscus.

Mélangez le tout à la cuillère. Décorez la boisson avec les feuilles de menthe. Ajoutez une cuillère dans le verre, pour prélever et déguster les litchis.

Servez aussitôt, très frais.

Encore meilleur : privilégiez des litchis frais (sans leur peau, bien entendu) et remplacez le sirop de litchi de la boîte par du sirop d'agave, en même quantité. Grâce au litchi, ce mocktail se présente tout en délicatesse. En effet, le fruit a une saveur rappelant à la fois la fraise, la rose et le muscat.

Malé

Pour 1 verre

- 3 ou 4 fraises
- 1 orange
- 10 cl de nectar de mangue
- glaçons

Pour la décoration

1 fraise

Le verre : tumbler

Préparation

Lavez et équeutez les fraises. Détaillez-les en tranches. Coupez l'orange en deux et pressez-la pour en récolter tout le jus.

Mettez des glaçons dans un verre de service de façon à ce qu'il soit à moitié rempli. Ajoutez-y les fraises, puis versez le jus d'orange et le nectar de mangue.

Mélangez à la cuillère. Décorez en plantant deux demi-fraises sur le bord du verre. Ajoutez une longue cuillère pour récupérer les tranches de fraises.

Servez aussitôt, très frais.

Pour un mocktail un peu plus relevé, vous pouvez donner un tour de moulin à poivre juste avant de servir. Le nom de ce mocktail est un hommage à la ville éponyme, capitale des Maldives, qui produisent énormément de mangues.

Margarita

Pour 1 verre

- 1 citron vert (lime) bio avec le zeste
- 1 c. à c. de sel
- 1 c. à c. de sucre en poudre
- 1 c. à s. d'eau de fleur d'oranger
- 1 c. à s. de sirop de citron vert
- citronnade pétillante
- glace pilée

Pour la décoration

quelques morceaux de zeste de citron vert

Le verre : martini

Préparation

Coupez le citron vert en deux, puis frottez le pourtour du verre de service avec un demi-citron. Dans une coupelle, mélangez le sel et le sucre en poudre. Trempez le bord du verre préalablement citronné dans ce mélange, puis réservez le verre au frais, dans le réfrigérateur.

Râpez un morceau de zeste de citron vert. Pressez le fruit afin d'en récolter le jus.

Versez de la glace pilée dans un shaker Boston ou continental. Ajoutez le jus du citron, l'eau de fleur d'oranger et le sirop de citron vert. Fermez le shaker. Shakez le tout pendant environ 1 minute.

Transvasez la préparation, avec la glace pilée, dans le verre de service. Complétez le remplissage avec de la citronnade et décorez avec des petits morceaux de zeste de citron vert.

Servez aussitôt, très frais.

La tequila et le Grand-Marnier font partie des ingrédients alcoolisés de la Margarita en version cocktail. Celui-ci aurait été inventé dans le courant des années 1940 par une habitante d'Acapulco dont le surnom n'était autre que... Margarita. En version mocktail, les deux ingrédients alcoolisés du cocktail sont remplacés par de la citronnade pétillante. C'est surprenant, audacieux même, mais extrêmement rafraîchissant. À essayer sans tarder par une chaude soirée d'été.

Mocktail aux petits fruits rouges

Pour 1 verre

- 30 g de fraises
- 1 c. à s. de jus de citron
- 20 cl de jus d'orange
- 2 c. à s. de sirop de fruits rouges
- 3 ou 4 glaçons (selon grosseur)

Pour la décoration

1 fraise ou un grapillon de groseilles rouges

Le verre : tumbler

Préparation

Mettez les fraises et le jus de citron dans le bol d'un mixeur et actionnez l'appareil. Passez ensuite cette préparation au travers d'un tamis.

Versez le jus d'orange dans un blender. Ajoutez-y le sirop de fruits rouges, puis le mélange de fraises et de jus de citron. Ajoutez encore les glaçons, puis actionnez l'appareil jusqu'à l'obtention d'une préparation bien homogène.

Transvasez la préparation dans le verre de service. Plantez une fraise sur le rebord du verre et ajoutez une paille.

Servez aussitôt, très frais.

Selon vos préférences personnelles et en fonction des saisons, n'hésitez jamais à varier les petits fruits rouges, et donc les plaisirs gustatifs : fraises, framboises, groseilles, mûres, cassis... sont possibles. Attrait supplémentaire de ce mocktail : il se positionne comme une boisson santé. En effet, à condition d'être de qualité biologique, les petits fruits rouges présentent des teneurs intéressantes en vitamine C, mais sont aussi riches en potassium utile pour contrer les crampes, l'hypertension ou la fatigue. Savourer ce mocktail aux petits fruits rouges, c'est donc joindre l'utile à l'agréable.

Mocktail aux saveurs exotiques

Pour 1 verre

- 1 citron vert (lime)
- 2 c. à s. de sirop de coco
- 20 cl de soda au citron vert
- glaçons

Pour la décoration
1/2 rondelle de citron vert

Le verre : tumbler

Préparation

Pressez le citron vert afin d'en récolter tout le jus. Versez-le dans le verre de service et ajoutez le sirop de coco. Mélangez le tout à la cuillère.

Complétez le remplissage du verre avec le soda au citron vert et quelques glaçons. Plantez en décoration la demi-rondelle de citron vert sur le rebord du verre.

Servez aussitôt, très frais.

Pour une décoration encore plus originale, râpez quelques copeaux de noix de coco et laissez-les flotter à la surface de la boisson. Le sirop de coco est fabriqué à partir de la sève de la fleur du cocotier, en suivant le même procédé que le sucre de coco. Il s'agit d'un jus sucrant à la saveur douce et aux notes de caramel, qui s'utilise aussi bien pour certains cocktails ou mocktails qu'en cuisine pour des préparations sucrées ou salées, souvent d'inspiration asiatique.

Mocktail pimenté à l'orange sanguine

Pour 1 verre

- 1/2 citron
- 12,5 cl de jus d'orange sanguine
- 2 c. à c. de sirop d'érable
- 5 branches de romarin frais
- 1 petite pincée de piment de Cayenne
- glaçons

Pour la décoration

1 brin de romarin frais,
1/2 tranche d'orange sanguine

Le verre : rock

Préparation

Pressez le demi-citron pour en récolter le jus.

Versez le jus de citron dans un shaker Boston ou continental. Ajoutez-y les autres ingrédients : le jus d'orange sanguine, le sirop d'érable, les branches de romarin frais, le piment de Cayenne et 2 ou 3 glaçons. Fermez le shaker. Shakez le tout pendant environ 10 secondes.

Transvasez cette préparation dans le verre de service, en la tamisant. Décorez avec la demi-tranche d'orange sanguine et un petit brin de romarin frais.

Servez aussitôt, très frais.

L'orange sanguine est une variété d'oranges douces dont la couleur de la pulpe varie entre le rouge sang et le rouge sombre. La première mention de cette orange est italienne et date du milieu des années 1600. Il n'empêche que l'histoire des variétés reste pour le moins floue, partagée entre deux grandes zones : la Chine d'une part, le Bassin méditerranéen d'autre part. Aujourd'hui, il semble impossible de prédire si une orange présentera un rouge plus ou moins soutenu. Tout ce que l'on sait, c'est que la variété et la maturité du fruit, mais aussi l'amplitude thermique et l'exposition jouent un rôle majeur.

Mojito

Pour 1 verre

- 1/2 citron
- 1 citron vert (lime)
- 1 brin de menthe fraîche
- 2 c. à s. de sucre cassonade
- 25 cl d'eau gazeuse
- glaçons

Pour la décoration

quelques feuilles de menthe

Le verre : tumbler

Préparation

Lavez les citrons (jaune et vert), puis coupez-les en quartiers. Lavez et séchez le brin de menthe fraîche.

Dans le verre de service, écrasez au pilon la moitié des quartiers de citron vert, le sucre cassonade et quelques feuilles de menthe. Lorsque vous avez fini d'écraser ces ingrédients, le sucre doit être complètement dissous.

Ajoutez alors l'eau gazeuse très froide, puis le reste des quartiers de citron. Incorporez enfin quelques glaçons et décorez la boisson en ajoutant quelques feuilles de menthe fraîche dans le verre.

Servez aussitôt, très frais.

Emblématique de l'envoûtante Cuba, le Mojito est l'un des plus célèbres et des plus prisés cocktails au monde. Créé à La Havane vers 1910, privilégié par les mafieux américains qui s'étaient emparés de l'île, c'est devenu par la suite la boisson préférée de l'écrivain Ernest Hemingway qui a largement contribué à le faire connaître au-delà des frontières de l'île antillaise. Si le cocktail tourne autour d'un fabuleux rhum blanc agricole, cette version « zéro alcool », pétillante grâce à l'eau gazeuse, associe avec bonheur les citrons et la menthe fraîche.

Moscow mule

Pour 1 verre

- 1/2 citron vert (lime) bio
- 20 cl de soda au gingembre
- glaçons

Pour la décoration
1 rondelle de citron vert

Le verre : highball

Préparation

Râpez un peu de zeste du citron vert. Pressez le fruit pour en récolter le jus.

Remplissez le verre de service de glaçons. Ajoutez-y le zeste finement râpé, le jus du citron vert et le soda au gingembre. Mélangez ces ingrédients à la cuillère pendant 10 à 15 secondes.

Décorez avec la rondelle de citron vert plantée sur le rebord du verre.

Servez aussitôt, très frais.

Initialement, le Moscow mule – parfois aussi connu sous le nom de « vodka buck » - est un excellent cocktail à base de vodka, de bière au gingembre et de jus de citron vert, décoré d'un quartier de citron vert et d'un petit brin de menthe. Créé aux alentours de 1930, il se sert traditionnellement dans une tasse en cuivre qui maintient la température froide de la boisson. En version mocktail, le mélange fait bien entendu l'impasse sur la vodka, mais fait toujours la part belle au citron vert et au gingembre. Les codes non alcoolisés du cocktail éponyme sont donc conservés.

Negroni

Pour 1 verre

- 1/2 orange bio, avec son zeste
- 10 cl de jus de raisin
- 10 cl de jus de pamplemousse
- glaçons

Pour la décoration

1 lanière de zeste d'orange

Le verre : tumbler

Préparation

Prélevez une longue lanière sur le zeste de la demi-orange. Réservez. Pressez ce fruit afin d'en récolter tout le jus.

Dans le verre de service, versez ce jus d'orange, ainsi que le jus de raisin et le jus de pamplemousse.

Ajoutez la lanière de zeste d'orange dans le verre, puis quelques glaçons.

Mélangez à la cuillère. Servez aussitôt, très frais.

Initialement, le cocktail Negroni se veut être une version un peu plus corsée d'un autre cocktail du nom d'Americano. Apparu à Florence aux alentours de 1920, le Negroni associe deux boissons alcoolisées : le Campari et le vermouth rosso. En version mocktail, le Negroni fait la part belle aux jus de fruits dont les couleurs et les saveurs explosent dans le verre tumbler. Pour une boisson légèrement plus sucrée mais tout aussi délicieuse, remplacez la demi-orange par une demi-orange sanguine.

Orchard Fruits

Pour 1 verre

- 6 cl de jus d'orange
- 6 cl de jus de pomme
- 6 cl de jus de raisin blanc
- 2 cl de sirop de cannelle
- glaçons

Pour la décoration
3 petits grains de raisin blanc

Le verre : tumbler

Préparation

Remplissez un verre de service de glaçons, puis ajoutez-y les ingrédients : jus d'orange, jus de pomme, jus de raisin blanc et sirop de cannelle.

Mélangez à la cuillère. Décorez avec les petits grains de raisin blanc. Ajoutez une longue cuillère pour prendre les grains de raisin.

Servez aussitôt, très frais.

Un véritable concentré de saveurs, de parfums et de vitamines, en droite ligne du verger. Agréable à l'œil et au palais, ce mocktail se déguste aussi bien dans le courant de l'après-midi qu'en soirée.

Pétillance verte

Pour 1 verre

- 1 citron vert
- 1 citron jaune
- 3 cl de sirop de pomme
- 10 cl de jus d'ananas
- eau pétillante
- glaçons

Pour la décoration
1 lamelle de pomme verte

Le verre : highball

Préparation

Coupez les citrons en deux. Pressez un demi-citron vert et un demi-citron jaune. Détaillez les autres moitiés de citrons en fines rondelles.

Versez le sirop de pomme et le jus des citrons dans le verre de service. Ajoutez-y le jus d'ananas. Mélangez ces ingrédients à la cuillère.

Incorporez ensuite les rondelles de citron. Complétez le remplissage du verre avec quelques glaçons et de l'eau pétillante. Décorez en plantant une lamelle de pomme verte sur le rebord du verre.

Servez aussitôt, très frais.

Le citron vert et le citron jaune appartiennent à deux espèces végétales différentes. Ils ont donc des caractéristiques visuelles et gustatives différentes également. Le citron jaune se distingue par son poids et son volume, plus importants que ceux du citron vert (ou lime). La peau de ce dernier est souvent plus lisse et fine que celle du citron jaune. En cuisine ou au bar, le citron vert donne une saveur plus exotique aux plats, desserts, cocktails et mocktails. Mais si vous souhaitez retrouver un goût légèrement sucré, alors le citron jaune est plus adapté.

Piña Colada

Pour 1 verre

- 5 cl de crème de coco
- 15 cl de jus d'ananas
- 1 c. à s. de sirop de sucre de canne
- 3 ou 4 glaçons (selon grosseur)

Pour la décoration

1 quartier d'ananas

Le verre : tulipe

Préparation

Versez la crème de coco dans un shaker Boston ou continental. Ajoutez-y le jus d'ananas et le sirop de sucre de canne ainsi que les glaçons. Fermez le shaker. Shakez pendant environ 1 minute.

Versez la préparation dans le verre de service, avec les glaçons. Plantez un morceau d'ananas sur le rebord du verre.

Servez aussitôt, très frais.

Nous sommes à Porto Rico en 1954. Le barman de l'hôtel Hilton de San Juan met au point un nouveau cocktail dans lequel il veut insérer les plus belles saveurs de son île. La version alcoolisée intègre un rhum blanc agricole, tandis que cette version sans alcool garde tous les codes du cocktail à l'exception de l'alcool. Et le résultat 100 % exotique est fabuleux !

Pin-Up

Pour 1 verre

- 3 ou 4 fraises (selon grosseur)
- 1 rondelle de concombre bio, avec la peau
- 10 cl de jus de poire
- 3 cl d'eau pétillante
- feuilles de menthe
- glaçons

Pour la décoration
1 fraise

Le verre : tumbler

Préparation

Lavez, puis équeutez les fraises. Coupez chaque fraise en deux. Mettez-les dans un verre de service.

Ajoutez-y la rondelle de concombre, puis des glaçons. Versez ensuite le jus de poire et l'eau pétillante.

Mélangez à la cuillère. Décorez avec un brin de menthe et en plantant une petite fraise sur le bord du verre. Servez avec une longue cuillère.

Servez aussitôt, très frais.

Les couleurs et saveurs de ce mocktail sont aussi séduisantes qu'une pin-up. Personne n'y résiste !

Pisco Sour à la verveine

Pour 1 verre

- 6 cl d'eau gazeuse
- 2 cl d'eau sucrée
- 1,5 cl de jus de citron
- 40 g de framboises fraîches
- quelques brins de verveine
- glaçons

Pour la décoration

poivre rose en grains concassés

Le verre : margarita

Préparation

Versez l'eau gazeuse et l'eau sucrée dans le bol d'un mixeur. Ajoutez-y le jus de citron, les framboises et les brins de verveine. Actionnez l'appareil jusqu'à l'obtention d'une consistance lisse et, surtout, bien mousseuse.

Mettez les glaçons dans un verre de service. Versez la préparation précédente par-dessus. Décorez avec quelques grains de poivre rose concassés.

Servez aussitôt, très frais.

Mélanger les ingrédients au robot vous permet d'obtenir facilement une consistance agréablement mousseuse, typique de cette boisson. Initialement, le pisco sour est une boisson qui aurait été inventée par des immigrants italiens cherchant à reproduire la grappa. Intégrant de l'angustura, ce cocktail « italo-péruvien » doit son nom à la ville éponyme. Il est très apprécié au moment de l'apéritif.

Pom-Po

Pour 1 verre

- 1/3 de pomelo
- 1/3 de poivron rouge
- quelques feuilles de menthe fraîche
- 2 à 3 cl de sirop d'agave
- 20 cl d'eau pétillante
- glaçons

Pour la décoration

1 brin de romarin

Le verre : rock

Préparation

Éliminez l'écorce et la peau blanche du pomelo, puis débitez la chair en morceaux. Éliminez la peau, les graines et les petits filaments blancs et durs du poivron, puis découpez aussi celui-ci en morceaux.

Mettez ces deux ingrédients dans le verre de service. Ajoutez-y quelques feuilles de menthe et le sirop d'agave. Écrasez le tout au pilon, dans le verre.

Incorporez alors quelques glaçons et complétez le remplissage du verre avec l'eau pétillante. Décorez avec un brin de romarin.

Servez aussitôt, très frais.

À l'achat, faites attention à ne pas confondre le pamplemousse et le pomelo. Le premier, originaire du Sud-est asiatique et qui se déguste de décembre à mars environ, présente une écorce jaune-verte et est plus acide et amer que le pomelo. Issu d'un croisement entre le pamplemousse et l'orange, le pomelo est originaire des Caraïbes. Il est extrêmement juteux et super-vitaminé. Avantage supplémentaire : outre son intérêt au moment de confectionner un mocktail, il se prête également au jeu du sucré salé pour relever les plats de poissons, de fruits de mer... Il peut également remplacer le vinaigre dans les salades pour apporter un goût acidulé. Pour avoir un fruit le plus juteux possible, choisissez-le à la peau ferme et brillante. Plus il est lourd, plus il contient de chair.

P.O.P

Pour 1 verre

- 7 cl de jus de pamplemousse
- 7 cl de jus de pomme
- 1 c. à s. d'eau de fleur d'oranger
- glaçons

Pour la décoration

un fin morceau de zeste de pamplemousse

Le verre : rock

Préparation

Versez le jus de pamplemousse et le jus de pomme dans un shaker Boston ou continental. Ajoutez-y l'eau de fleur d'oranger, puis quelques glaçons. Fermez le shaker. Shakez pendant environ 1 minute.

Transvasez la boisson dans le verre de service, sans intégrer les glaçons. Décorez le dessus du mocktail avec un fin morceau de zeste de pamplemousse.

Servez aussitôt, très frais.

P comme pamplemousse. O comme oranger. P comme pomme. Ce mocktail très... pop est encore meilleur si vous confectionnez vos jus de pamplemousse et de pomme « maison ». Pour d'évidentes raisons, le morceau de zeste de pamplemousse doit être issu d'un fruit de qualité biologique. Sans alcool, ce mocktail peut presque passer pour une boisson santé du fait, notamment, de la présence de pamplemousse qui est riche en antioxydants luttant contre le vieillissement cellulaire, en fibres favorables à un bon transit, en flavonoïdes pouvant améliorer ou préserver la mémoire et la cognition...

Red Flame

Pour 1 verre

- 1/4 de poivron rouge
- quelques feuilles de menthe fraîche
- 10 cl de nectar de fraise
- 8 cl de jus de canneberge
- 1 trait de sauce Tabasco
- glaçons

Pour la décoration

1 feuille de menthe fraîche

Le verre : rock

Préparation

Mettez des glaçons dans le bol d'un mixeur, de façon à le remplir à moitié.

Épluchez le quart de poivron. Éliminez les graines ainsi que les petits filaments blancs et durs. Coupez ce morceau de poivron grossièrement en morceaux. Mettez-le dans le bol du mixeur, puis ajoutez 5 ou 6 feuilles de menthe fraîche, le nectar de fraise, le jus de canneberge et le trait de Tabasco.

Actionnez l'appareil pendant environ 20 secondes, à vitesse moyenne

Transvasez la préparation dans le verre de service. Décorez avec une feuille de menthe.

Servez aussitôt, très frais.

Marque déposée, la sauce Tabasco est une préparation pimentée à base de piments rouges mûrs à point et fermentés en tonneaux, de vinaigre et de sel. Créée en Louisiane à la fin des années 1860, emblématique de la cuisine tex-mex et indissociable de certains cocktails et mocktails à succès, la sauce Tabasco se décline désormais en différentes variétés, chacune d'entre elles mettant en exergue ses propres saveurs : Original Red Sauce (recommandée pour ce mocktail), Jalapenos Sauce (une version moins « hot » de la sauce précédente), Chipotle Sauce (une sauce barbecue épicée), Habanero Sauce (une sauce à la fois épicée et fruitée) et Sriracha Sauce (aux saveurs thaïes)...

Red One

Pour 1 verre

- 1 grenade
- 1 citron vert (lime)
- 1 pomme
- 1 pamplemousse rose
- 1 petit morceau de gingembre frais
- glaçons

Pour la décoration

quelques graines de grenade

Le verre : martini

Préparation

Coupez la grenade en deux et prélevez-en les petites graines. Réservez-en quelques-unes pour la décoration finale. Pressez le citron vert pour en récolter tout le jus. Coupez grossièrement en quartiers la pomme et le pamplemousse rose.

Mettez les graines de grenade, le jus de citron vert, les quartiers de pomme et de pamplemousse dans le bol d'un mixeur. Ajoutez-y le morceau de gingembre frais, puis actionnez l'appareil.

Mettez quelques glaçons dans le verre de service et transvasez-y la préparation précédente. Décorez avec les quelques graines de grenade réservées.

Servez aussitôt, très frais.

Le pamplemousse blanc est de forme sphérique, légèrement aplatie aux extrémités. Il est environ deux fois plus gros qu'une orange. Sa peau est jaune, sa chair à la fois acidulée, amère et sucrée. Le pamplemousse rose a une peau jaune, parfois rosée, et sa chair rosée. Il est moins amer que le pamplemousse blanc. Originaire d'une partie de l'Asie et fruit du grenadier, la grenade est un fruit plus ou moins de la forme d'une pomme que certains comparent à une baie parce que sa pulpe n'est ni charnue, ni filandreuse. Ses graines sont absolument délicieuses, comme « simples gourmandises » ou intégrées à diverses préparations, dont cet excellent mocktail d'un beau rouge soutenu.

Rose tonique

Pour 1 verre

- 1/2 citron jaune bio
- 1 c. à s. d'eau de rose
- 2 c. à s. de sirop de rose
- 20 cl de tonic
- glaçons

Pour la décoration
1 feuille de menthe fraîche

Le verre : tumbler

Préparation

Prélevez quelques fines lanières du zeste du demi-citron, puis pressez le fruit pour en récolter le jus.

Versez ce jus de citron dans le verre de service. Ajoutez-y l'eau et le sirop de rose. Complétez avec les lanières de zeste de citron et quelques glaçons.

Terminez le remplissage du verre avec du tonic, puis décorez avec le brin de thym frais.

Servez aussitôt, très frais.

L'eau de rose est obtenue en faisant infuser des pétales de rose dans de l'eau. Pour réaliser votre eau de rose « maison », rincez 1 tasse de pétales de rose, placez-les dans une casserole et couvrez d'eau distillée (environ 4 tasses) de façon à ce que les pétales soient tout à fait immergés. Faites ensuite chauffer à feu moyen pendant une trentaine de minutes, jusqu'à ce que les pétales soient décolorés. À ce moment retirez la casserole du feu et laissez complètement refroidir. Filtrez au travers d'une étamine, puis transvasez le liquide dans une bouteille fermant hermétiquement. Au réfrigérateur, cette eau de rose se conserve un mois.

Sangria

Pour 1 verre

- 1/4 de pomme
- 1/4 de poire
- 1/4 de c. à s. de sucre en poudre
- 1,75 cl de jus de citron
- 1/4 de pamplemousse rose
- 1/4 de citron vert (lime)
- 1/4 de citron
- 25 cl de jus d'orange
- 25 cl d'eau gazeuse
- 1/4 de c. à s. de sirop de grenadine
- 1 bâton de cannelle
- glaçons

Pour la décoration
les morceaux de fruits de la préparation

Le verre : bodega

Préparation

Pelez le morceau de pomme et le morceau de poire. Débarrassez-les du trognon et des pépins. Coupez les fruits en petits cubes. Déposez-les dans un bol, puis couvrez-les avec le sucre en poudre avant de les arroser de jus de citron.

Lavez et séchez les agrumes. Tranchez-les en fines tranches bien régulières.

Versez le jus d'orange dans un saladier. Ajoutez-y la moitié de l'eau gazeuse et le sirop de grenadine, puis les morceaux de pomme et de poire ainsi que les rondelles d'agrumes. Mélangez le tout à l'aide d'une louche. Déposez le bâton de cannelle et mettez la préparation au frais, dans le réfrigérateur, pendant au moins 3 heures.

Juste au moment de servir, sortez la sangria sans alcool du réfrigérateur. Versez-y le reste d'eau gazeuse.

Servez aussitôt, très frais.

Emblématique du Pays Basque, le verre bodega est un verre de forme très standard, généralement large mais peu haut. Il peut éventuellement être remplacé par un verre tumbler. Vous pouvez bien entendu varier les fruits en fonction de vos préférences personnelles et des saisons. Il est cependant important de conserver les agrumes. Dans sa version alcoolisée, la sangria a des origines très controversées. Certains affirment qu'elle est apparue en Espagne, mais cette version est de plus en plus mise en doute. Selon diverses sources, elle serait plutôt née du côté des Antilles ou de l'Amérique du Sud. Ce qui est certain, c'est que tout le monde se retrouve dans cette sangria « zéro alcool » très haute en saveurs fruitées.

Sombrero

Pour 1 verre

- la chair de 1/2 citron vert (lime)
- la chair de 1/2 citron
- 1/2 avocat mur (sans la peau, ni le noyau)
- 1,5 cl de sirop de bergamote
- 1,5 cl de sirop d'agave
- 3 feuilles de coriandre fraîche
- 8 cl d'eau minérale plate
- glaçons

Pour la décoration

1 rondelle de citron vert

Le verre : martini

Préparation

Mettez les glaçons dans le bol d'un mixeur, puis ajoutez les autres ingrédients : la chair des deux demi-citrons, la chair de l'avocat préalablement grossièrement coupée, le sirop de bergamote, le sirop d'agave, les feuilles de coriandre et l'eau plate.

Actionnez l'appareil à faible vitesse, en augmentant progressivement la vitesse de l'appareil jusqu'à l'obtention d'une boisson parfaitement homogène.

Transvasez-la dans le verre de service. Décorez en plantant une rondelle de citron vert sur le bord du verre.

Servez aussitôt, très frais.

Comme la plupart des espèces d'agave se développent au Mexique et que la région du Michoacan est le premier producteur mondial de citron vert mexicain, il était normal de donner au nom de ce mocktail une consonnance mexicaine. Très agréable, le sirop de bergamote (qui est super-polyvalent tant au bar qu'en cuisine) se caractérise par un goût acidulé et fruité, rehaussé par une note citronnée subtile et raffinée. N'utilisez jamais d'eau du robinet pour vos mocktails car, outre son niveau élevé de pollution, elle dégage souvent un goût et une odeur fortement chimique.

Sparkling Grape

Pour 1 verre

- 12 cl de jus de raisin blanc
- 8 cl de nectar de fraise
- 1 c. à c. de sucre vanillé
- 4 cl d'eau pétillante
- glaçons

Pour la décoration
3 grains de raisin blanc

Le verre : highball

Préparation

Versez le jus de raisin blanc dans le verre de service, puis ajoutez-y le nectar de fraise. Incorporez le sucre vanillé et mettez quelques glaçons.

Remuez les ingrédients à la cuillère à mélange, puis complétez le remplissage du verre avec l'eau pétillante. Décorez avec 3 grains de raisin embrochés sur une pique posée sur le rebord du verre, en travers de celui-ci.

Servez aussitôt, très frais.

Une très belle association, que celle du raisin blanc et de la fraise. Au final, ce mocktail se veut fruité et rafraîchissant, délicatement rehaussé par une petite note vanillée. Parfait au cœur de l'été !

Spicy Trip

Pour 1 verre

- 1 tranche d'ananas frais
- 1 c. à c. de poudre de gingembre
- 1 c. à c. de curcuma moulu
- 7 cl d'eau de coco
- glaçons

Pour la décoration

1 morceau d'ananas et quelques feuilles de menthe

Le verre : highball

Préparation

Épluchez la tranche d'ananas. Éliminez le cœur. Détaillez la tranche d'ananas ainsi préparée en petits morceaux.

Mettez les morceaux d'ananas dans un verre de service. Ajoutez-y la poudre de gingembre et le curcuma moulu.

Écrasez ces ingrédients au pilon, puis remplissez le verre de glaçons et ajoutez l'eau de coco.

Mélangez à la cuillère. Décorez avec l'ananas et la menthe. Servez avec une longue cuillère.

Servez aussitôt, très frais.

Le gingembre et le curcuma vous invitent à un formidable voyage gustatif aux pays des épices. Doté de fort nombreuses vertus thérapeutiques, le curcuma – ou « safran des Indes » - possède les mêmes qualités colorantes que le safran. Déjà utilisé dans sa région d'origine environ 6 000 ans avant notre ère, le curcuma a une véritable valeur aromatique, à apprécier aussi bien aux fourneaux qu'au bar.

Spring Time

Pour 1 verre

- 1/4 de pomelo
- 2 cl de sirop de romarin
- 5 cl de ginger beer sans alcool
- 10 cl de soda
- glaçons

Pour la décoration
1 brin de romarin

Le verre : highball

Préparation

Retirez l'écorce et la peau blanche du pomelo, puis découpez-le en petits morceaux.

Mettez ceux-ci dans le fond d'un verre de service. Ajoutez-y le sirop de romarin, puis pilez le tout au pilon.

Ajoutez quelques glaçons dans le verre, puis la ginger beer et le soda.

Mélangez le tout à la cuillère. Décorez avec le brin de romarin.

Servez aussitôt, très frais.

Il est très facile de réaliser un sirop de romarin « maison ». Dans une casserole faites bouillir 50 cl d'eau et 400 g de sucre de canne non raffiné pendant 20 minutes à compter de l'ébullition. Le liquide doit devenir légèrement sirupeux. Lavez 30 brins de romarin et essuyez-les dans un linge propre. Ajoutez le romarin dans le sirop bouillant. Couvrez et faites infuser pendant au moins 6 heures. Ensuite, filtrez et faites bouillir le sirop pendant 10 minutes. Versez le sirop bouillant dans une bouteille préalablement stérilisée et fermant hermétiquement, en vous arrêtant à 1 cm du bord. Fermez et laissez refroidir.

Spritz

Pour 1 verre

- 1/2 pamplemousse
- 6 cl d'eau
- 6 cl de sucre en poudre
- 1 brin de romarin
- 11 cl de San Pellegrino
- 15 cl de soda
- glaçons

Pour la décoration
1 brin de romarin frais

Le verre : tumbler

Préparation

Préparez un sirop de pamplemousse. Dans une casserole, mettez le pamplemousse coupé en tranches, ainsi que son zeste. Ajoutez l'eau et le sucre en poudre. Laissez mijoter le tout jusqu'à dissolution complète du sucre, puis retirez la casserole du feu et incorporez le romarin. Laissez infuser jusqu'à ce que le sirop soit à température ambiante, puis filtrez-le soigneusement.

Remplissez un verre de service de glaçons, puis ajoutez-y 5 cl du sirop précédent.

Ajoutez la San Pellegrino et le soda. Décorez avec le brin de romarin frais.

Servez aussitôt, très frais.

Aussi connu sous le nom de Spritz Veneziano, le Spritz est devenu en quelques années un cocktail incontournable. À base de prosecco (ou d'un vin blanc effervescent), d'un amer (tel que du Campari) et d'eau de Seltz, il est emblématique de la Vénétie et du Frioul-Vénétie Julienne. Devenu le cocktail officiel de l'Association Internationale des Barmans, il doit être servi dans un verre tumbler, bien que beaucoup de bars le présentent dans un verre à vin. C'est l'un des cocktails les plus faciles à revisiter en mocktail.

Sweet Mummy

Pour 1 verre

- 1 banane
- 8 cl de jus de pêche
- 2 cl de sirop de cannelle
- 8 cl de boisson végétale à l'amande
- glaçons

Pour la décoration

1 grand bâton de cannelle

Le verre : tumbler

Préparation

Épluchez la banane et coupez-la grossièrement en rondelles.

Mettez les glaçons dans le bol d'un mixeur et ajoutez-y les rondelles de banane. Versez ensuite le sirop de cannelle et la boisson végétale à l'amande.

Actionnez l'appareil pendant environ 10 secondes, puis transvasez la boisson dans le verre de service. Décorez avec un bâton de cannelle.

Servez aussitôt, très frais.

La boisson végétale à l'amande (plus communément connue sous l'appellation « lait d'amande ») procure une saveur supplémentaire à cet excellent mocktail, mais lui apporte aussi une véritable dimension « santé ». En version bio, le lait d'amande est en effet justement réputé pour être riche en oméga-3 et en protéines qui ont des effets positifs sur la santé. Il se positionne en tout cas comme une excellente alternative au lait de vache qui ne présente pas de véritable intérêt nutritionnel ou gustatif, notamment pour les personnes – de plus en plus nombreuses – intolérantes au lactose.

Tonic Mule

Pour 1 verre

- 2 ou 3 petits morceaux de gingembre
- quelques feuilles de coriandre fraîche
- 3 cl de sirop de sucre de canne
- 3 cl de jus de citron vert (lime)
- ginger ale
- glaçons

Pour la décoration
1 rondelle de citron vert

Le verre : highball

Préparation

Mettez les petits morceaux de gingembre dans un shaker Boston ou continental. Écrasez-les au pilon.

Ajoutez les feuilles de coriandre fraîche, le sirop de sucre de canne et le jus de citron vert. Fermez le shaker. Shakez pendant 15 secondes environ.

Transvasez la préparation dans un verre de service préalablement rempli de glaçons. Complétez le remplissage du verre avec le ginger ale.

Décorez en plantant une rondelle de citron vert sur le bord du verre.

Servez aussitôt, très frais.

Voici un mocktail tonique qui est idéal à présenter en apéritif. Mais il fait aussi sensation lors de n'importe quel moment de convivialité. Bien que son goût soit parfois décrié par certains, la coriandre fraîche joue la carte de l'accord parfait avec le citron vert.

Tropical

Pour 1 verre

- le jus de 1/2 citron
- 10 cl de nectar de mangue
- 10 cl de jus d'ananas
- 1/2 fruit de la passion
- glaçons

Pour la décoration
1 petit quartier d'ananas

Le verre : tumbler

Préparation

Versez le jus du demi-citron dans un shaker Boston ou continental. Ajoutez-y le nectar de mangue et le jus d'ananas.

Évidez le demi-fruit de la passion et ajoutez sa chair dans le shaker. Ajoutez-y également quelques glaçons.

Fermez le shaker. Shakez pendant environ 15 secondes.

Transvasez la boisson dans le verre de service. Décorez en plantant un petit quartier d'ananas sur le bord du verre.

Servez aussitôt, très frais.

Les fruits intégrés à ce mocktail haut en saveur donnent à cette agréable boisson un irrésistible petit goût de tropiques. Dépaysement et plaisir gustatif garantis ! À l'achat, privilégiez un fruit de la passion mûr « juste comme il faut ». C'est la peau du fruit de la passion qui indique son état de mûrissage. Si la peau est plissée et paraît sèche, c'est que le fruit est à point et peut être dégusté. Mais si la peau est totalement lisse, le fruit a une saveur très acide et un goût encore végétal.

Vegan Flavors

Pour 1 verre

- 1/2 citron vert
- 2 cl d'aquafaba
- 10 cl de jus de raisin blanc
- 1 cl de sirop de fleur de sureau
- 10 cl de jus de pomme
- glaçons

Pour la décoration
1 rondelle de citron vert

Le verre : rock

Préparation

Pressez le citron vert afin d'en récolter le jus.

Mettez des glaçons dans un shaker Boston ou continental de manière à le remplir à moitié. Ajoutez-y le jus de citron, l'aquafaba, le jus de raisin blanc, le sirop de fleur de sureau et le jus de pomme.

Fermez le shaker. Shakez pendant 10 à 15 secondes.

Transvasez la boisson, en la filtrant, dans le verre de service. Décorez avec une rondelle de citron vert.

Servez aussitôt, très frais.

L'aquafaba n'est rien d'autre que le jus contenu dans les conserves de légumineuses. Son nom est dérivé de deux mots latins signifiant « eau » et « fèves ». S'il est encore peu connu du grand public, ce produit (à privilégier bio) est pourtant très utile en cuisine car il permet de remplacer les œufs dans de nombreuses recettes salées ou sucrées, mais il peut aussi être monté en neige et peut donc se substituer aisément aux préparations nécessitant des blancs d'œufs battus. Enfin, il met encore ce délicieux mocktail à la portée de tous les végans.

Vénus

Pour 1 verre

- 1/2 citron vert (lime)
- 1/4 de concombre
- 2 cl de sirop de sucre de canne
- 10 cl d'infusion de verveine citron froide
- 10 cl de jus de pomme
- glaçons

Pour la décoration

1 fine lamelle de concombre

Le verre : martini

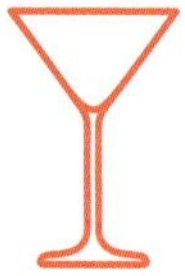

Préparation

Pressez le demi-citron vert pour en récolter tout le jus. Coupez le quart de concombre en tout petits morceaux.

Mettez ces morceaux de concombre dans le fond d'un verre de service. Ajoutez-y le jus de citron vert et le sirop de sucre de canne.

Complétez le remplissage du verre avec des glaçons, l'infusion de verveine citron et le jus de pomme.

Mélangez à la cuillère. Décorez avec la fine lamelle de concombre.

Servez aussitôt, très frais.

Ce mocktail doit son nom à l'un des noms populaires de la verveine, aussi appelée « Veine de Vénus ». Si vous désirez retrouver votre légendaire zénitude, ce mocktail est fait pour vous. Dotées de nombreuses propriété bienfaisantes, la verveine est notamment réputée pour ses vertus calmantes et relaxantes. À vous d'en profiter !

Index par ingrédient

Crédits photographiques

Shutterstock.com – 5PH : 7, 18, 59, 133, 135 ; AbElena : 67 ; Africa Studio : 123 ; Al More : 101 ; Aleksey Bobyliov : 109 ; Alexandra Anschiz : 127 ; Andrei Mayatnik : 81 ; AnjelikaGr : 73 ; Arkadiusz Fajer : 113 ; Artiom Photo : 19 ; baibaz : 16 ; Barbara Neveu : 77 ; Brent Hofacker : 37, 45, 51 ; Caterina Trimarchi : 10 ; Chudo2307 : 31 ; dabyki.nadya : 139 ; Egor Fomin : 39 ; Elena Veselova : 12, 29 ; fornStudio : 107 ; Fortyforks : 53 ; George Dolgikh : 105 ; Glitter_Klo : 4, 5, 22-140 ; Goskova Tatiana : 121 ; henrique ferrera : 75 ; Joshua Resnick : 97 ; JuliaLavleis : 137 ; kanin sakulsillapakorn : 41 ; Kravtzov : 25 ; KristinaSh : 63 ; Lomb : 13 ; Magic cinema : 93 ; Maksym Fesenko : 20, 21 ; MaraZe : 87 ; Micaela Fiorellini : 57, 99 ; NaMong Productions92 : 129 ; nblx : 83 ; New Africa : 49, 141 ; Olga Dubravina : 131 ; Olga Popova : 15b ; pilipphoto : 91 ; Pixel-Shot : 79, 115 ; Redumbrella Europe : 14g, 17 ; Rimma Bondarenko : 11, 61, 71 ; Rodion Kutsaiev : 65 ; RomanaMart : 85 ; Sasha Bakh : 23 ; Sea Wave : 95 ; Shebeko : 55 ; Shootdiem : 14d ; ShotnCut : 9 ; smspsy : 103 ; SolidMaks : 33 ; Stoliarova Daria : folio, 22-140 ; SvetlanaSF : 69 ; Svittlana : 43, 117 ; TanyaPhOtOgraf : 119 ; Tine De Langhe : 111 ; tiverylucky : 125 ; two_meerkats : 27 ; Valente Romero : 15h ; WS-Studio : 89 ; zarzamora : 35 ; Zulfiska : 47.